ARENDT

ANN HEBERLEIN

Arendt

Entre o amor e o mal: Uma biografia

Tradução do sueco
Kristin Lie Garrubo

3ª reimpressão

Copyright © 2020 by Mondial e Ann Heberlein
Publicado mediante acordo com Mondial.

Grafia atualizada segundo o Acordo Ortográfico da Língua Portuguesa de 1990, que entrou em vigor no Brasil em 2009.

Título original
Arendt: Om kärlek och ondska

Capa
Violaine Cadinot

Foto de capa
Fred Stein/ Alamy Stock Photos/ Fotoarena

Preparação
Officina de Criação

Revisão
Marise Leal
Adriana Bairrada

Dados Internacionais de Catalogação na Publicação (CIP)
(Câmara Brasileira do Livro, SP, Brasil)

Heberlein, Ann
    Arendt : Entre o amor e o mal : Uma biografia / Ann Heberlein ; tradução do sueco Kristin Lie Garrubo. — 1ª ed. — São Paulo : Companhia das Letras, 2021.

    Título original: Arendt : Om kärlek och ondska
    Bibliografia
    ISBN 978-65-5921-056-5

    1. Arendt, Hannah, 1906-1975 2. Cientistas políticos — Biografia I. Título.

21-59510   CDD-923.2

Índice para catálogo sistemático:
1. Hannah Arendt : Biografia   923.2
Cibele Maria Dias – Bibliotecária – CRB-8/9427

Todos os direitos desta edição reservados à
EDITORA SCHWARCZ S.A.
Rua Bandeira Paulista, 702, cj. 32
04532-002 — São Paulo — SP
Telefone: (11) 3707-3500
www.companhiadasletras.com.br
www.blogdacompanhia.com.br
facebook.com/companhiadasletras
instagram.com/companhiadasletras
twitter.com/cialetras

Sumário

Prefácio: Por que Hannah Arendt? 9
Introdução: Aquilo que nunca deveria ter acontecido 13

1. A pequena Hannah. 17
2. A paixão. 29
3. Situações-limite. 41
4. O cerco se aperta. 48
5. Como poderia acontecer? 56
6. Uma versão específica do mal. 59
7. Uma lealdade para a vida toda 64
8. *La Drôle de Guerre* 71
9. Camp Gurs 78
10. Montauban 87
11. O significado da esperança: sobre o suicídio........... 93
12. O bem e o mal 102
13. Um novo começo 110
14. "Sem um lugar para chamar de meu". 117
15. A forasteira 124

16. O fim da guerra. 127
17. O direito a direitos 132
18. O Holocausto 137
19. A banalidade do mal 144
20. O mal e a responsabilidade 156
21. Sobre amor e fidelidade 160
22. O reencontro. 173
23. O perdão impossível. 185
24. Amor sem sofrimento 189
25. *Amor mundi*: amor ao mundo. 200
26. Reconciliação 204

Agradecimentos 215
*Posfácio — Leia e aja: A atualidade do pensamento
de Hannah Arendt* — Heloisa Murgel Starling 216
Personagens notáveis. 235
Bibliografia 238

Se a história do mundo não fosse tão perversa, seria maravilhoso viver.

Hannah Arendt, 1952

Prefácio

Por que Hannah Arendt?

"Se Hannah Arendt não existisse, seria preciso inventá-la", alguém escreveu certa vez. A vida de Hannah Arendt é uma história repleta de obstáculos e vitórias, males e amores, reveses e êxitos. Nascida no início do século XX, ela viveu duas guerras mundiais, foi forçada a deixar sua terra natal, a Alemanha, e mais tarde o continente europeu, para se exilar nos Estados Unidos. A vida de Hannah perpassa um capítulo decisivo na história do Ocidente, uma época em que nossos princípios e nossas ideias sobre o ser humano e seu valor, sobre o bem e o mal, sobre a culpa e a responsabilidade foram testados e reformulados.

Embora Hannah Arendt seja frequentemente retratada como filósofa, ela mesma rejeitava tal caracterização. Numa entrevista transmitida pela televisão alemã ocidental em 1964, ela contesta a afirmação de que "pertence ao círculo dos filósofos". "Minha profissão, se podemos assim dizer, é a teoria política. Não me sinto de modo algum filósofa, nem creio ter sido aceita no círculo dos filósofos", explica.

Há um pano de fundo para sua relutância em ser definida

como filósofa. Hannah, que quando adolescente disse ter escolhido entre estudar filosofia e se afogar, decepcionou-se profundamente com a disposição dos intelectuais — sobretudo dos filósofos — de aderir e se render à ideologia nazista que inundou a Alemanha na década de 1930. Quando fugiu da Alemanha, ela prometeu a si mesma nunca mais se envolver com intelectuais. Hannah queria mudar o mundo, mas não acreditava mais no poder da filosofia para fazê-lo. Portanto, rompeu com a área e decidiu atuar com uma abordagem prática e política.

No prefácio de *Homens em tempos sombrios* (1968), Hannah escreve sobre as raras pessoas que, graças a sua luminosidade, seu intelecto e sua originalidade, são capazes de espalhar esperança e luz mesmo em tempos sombrios:

> Mesmo nos tempos mais sombrios temos o direito de esperar alguma iluminação, e que tal iluminação possa provir menos de teorias e conceitos e mais da luz incerta, tremeluzente e muitas vezes fraca que, em suas vidas e obras, alguns homens e mulheres acendem em quase todas as circunstâncias e irradiam pelo tempo que lhes foi dado na Terra.

Sem dúvida, a própria Hannah Arendt está entre as pessoas dotadas da rara habilidade de brilhar nos tempos mais sombrios com uma luz tão forte que seu efeito se faz sentir mesmo muito depois de elas terem deixado a existência terrestre.

Sua correspondência com Martin Heidegger, Heinrich Blücher, Kurt Blumenfeld, Karl Jaspers, Gershom Scholem e Mary McCarthy foi publicada na íntegra, e a leitura das cartas revela uma mulher espirituosa, de mente aguçada e humor afiado, com uma boa dose de autorreflexão e uma atitude apaixonada diante do mundo. Essa combinação de qualidades — de mente e coração, razão e emoção — é excepcional.

Hannah Arendt é minha companheira há muitos anos. Eu a li pela primeira vez no início da década de 1990, quando estudava teologia na Universidade de Lund, e fiquei cativada de imediato por seu estilo discursivo e clareza de ideias. Ela despertou meu interesse por pensadores como Kierkegaard, Jaspers e Heidegger, tornando-se uma parente intelectual. A discussão de Hannah sobre o perdão foi essencial para minha tese de doutorado, *Kränkningar och förlåtelse* ["Ofensas e perdão"], e desde então ela está presente de um modo ou de outro em todos os meus livros.

A certa altura, durante meus estudos de pós-graduação, deparei-me com o livro de Elzbieta Ettinger sobre a história de amor entre Hannah e Martin Heidegger. O livro me chamou a atenção para a vida particular de Hannah e passei a devorar biografias sobre Hannah Arendt e a correspondência já publicada entre ela e seus amigos. Brotou a ideia de escrever um livro sobre Hannah, sobre sua vida e filosofia, e estou muito feliz por finalmente ter tido a oportunidade de fazer exatamente isso.

Não tenho a pretensão de fornecer um retrato completo de Hannah Arendt, nem de sua história de vida e pensamento. Nunca pretendi isso. Tomei a liberdade de me concentrar nos acontecimentos da vida de Hannah que mais me interessam, levantar as ideias que considero mais fecundas, tentando inseri-la, bem como sua história e suas reflexões num contexto mais amplo.

Hannah Arendt não foi apenas uma pensadora brilhante, mas uma pessoa fascinante que viveu uma existência cheia de emoções. Quero falar sobre isso. Minha ambição é descrever a vida de Hannah, sua evolução como intelectual — seu pensamento está intimamente ligado a suas experiências concretas — e delinear uma sequência de acontecimentos cruciais na história da humanidade.

Com a ajuda de seus próprios livros, textos e poemas, de

cartas preservadas entre ela e seus muitos amigos, de entrevistas e registros de diário, quero contar a história de Hannah e dos conceitos que constituíram os temas centrais de sua vida: o amor e o mal.

Introdução

Aquilo que nunca deveria ter acontecido

No *Denktagebuch* de Hannah, seu diário intelectual, há uma reflexão sobre o amor e o mal. Partindo do conceito de *amor mundi*, ela aborda a dificuldade de amar o mundo: por que é tão difícil? E por que devemos amar o mundo? O amor que Hannah analisa não é o amor no sentido convencional. Amar o mundo significa reconciliar-se com ele em toda sua imperfeição e fragilidade — e a reconciliação é necessária para a continuidade da existência. Para Hannah Arendt, tratava-se de compreender e aceitar o que realmente aconteceu. Como podemos amar o mundo após o Holocausto? Em que mundo algo como o Holocausto é possível?

Hannah associa o amor ao mundo, o *amor mundi*, à capacidade de compromisso, reflexão e discernimento. É um amor que requer a reflexão sobre os próprios atos e a compreensão de suas consequências. Nesse raciocínio, há paralelos com seu pensamento sobre o mal. De acordo com Hannah, a indiferença pode ser terreno fértil para o mal, e a antítese da indiferença é a reflexão. Portanto, temos todos uma responsabilidade de refletir sobre nossos atos, de escolher, de não apenas obedecer e seguir o rebanho.

Entretanto, sua discussão sobre a banalidade do mal — como ela passou a chamá-la —, causou forte repulsa e raiva nos círculos intelectuais da década de 1960. Chocou o mundo a descrição que Hannah fez de Adolf Eichmann, um dos arquitetos do Holocausto, como um burocrata sem imaginação que apenas cumpria seu dever. Os críticos entenderam o raciocínio de Hannah como uma minimização da culpa de Eichmann. O livro *Eichmann em Jerusalém: um relato sobre a banalidade do mal*, publicado em 1963, foi trucidado pela imprensa, e, devido a ele, muitos amigos e colegas deram as costas a Hannah.

Numa famosa entrevista para a televisão da Alemanha Ocidental logo após a publicação do livro, Günter Gaus lhe pergunta se ela se arrependia do livro. Ou será que, apesar de todas as reações negativas, apesar do ódio, o livro deveria ter sido escrito daquela maneira?

Hannah, que no momento da entrevista era uma mulher de meia-idade, ouve a pergunta de Gaus com a testa franzida. Está vestida de tailleur escuro, e seu cabelo, antes negro, está grisalho, mas continua tão basto quanto antes. Ela cruza as pernas de forma despreocupada, com seus olhos escuros a um só tempo despertos e cautelosos. Uma das mãos segura um cigarro. Gaus aguarda a resposta numa postura de quase devoção.

Hannah se recosta na poltrona, olha intensamente para o entrevistador e dá uma profunda tragada antes de falar. Sua resposta é uma paráfrase do lema do sacro imperador romano-germânico Ferdinando I, *fiat iustitia, et pereat mundus* (faça-se justiça, ainda que pereça o mundo). Ela ergue a mão desocupada e aponta para Gaus, como que para enfatizar a importância do que está dizendo: *fiat veritas, et pereat mundus*. A verdade precisa ser dita, não importam as consequências. A máxima é digna de uma pessoa que mais de uma vez colocou sua vida em risco pela fé inabalável no que é verdadeiro e certo. Hannah não era, em primeiro lugar, ativista nem pessoa política, mas uma cientista, cuja motivação é justamente a busca da verdade.

Os estudos de pós-graduação de Hannah, primeiro como aluna de Martin Heidegger e depois sob a orientação de Karl Jaspers, resultaram numa tese de doutorado sobre Santo Agostinho e seu conceito de amor. Quem sabe ela tivesse continuado a explorar diversas formas de amor se a época em que viveu não a obrigasse a encarar outros fenômenos humanos, como o mal.

Em inúmeros artigos e diversos livros, entre os quais *Eichmann em Jerusalém*, provavelmente sua obra mais conhecida, ela explora o conceito, investigando os mecanismos, as origens, a essência e a natureza do mal. Por que fazemos mal uns aos outros? Por que tão poucas pessoas intervêm ao testemunhar o mal? E como devemos entender o mal específico que se manifesta no antissemitismo? A arma de Hannah contra o mal era seu intelecto. Ela atacou o mal da mesma forma que atacou todos os problemas, analisando-os e denominando-os. Em *Origens do totalitarismo* e *Sobre a violência*, bem como em *Responsabilidade e julgamento*, ela examina as manifestações do mal. Sua compreensão do mal é tingida pela experiência de ter ficado cara a cara com aquilo que "nunca deveria ter acontecido", como diz em *Responsabilidade e julgamento*.

É uma descrição muito eficaz de um fenômeno ao mesmo tempo extremamente tangível e ainda fugidio, uma tentativa de responder a uma pergunta sem resposta, de definir o indefinível, de captar algo que constantemente foge de nossas mãos, muda de forma e aparece nos lugares mais inesperados, nos contextos mais improváveis.

Na entrevista a Günter Gaus, Hannah descreve sua própria reação ao se dar conta da dimensão dos crimes dos nazistas: o número de mortos, o extermínio sistemático de judeus e os horrores dos campos de concentração. Hannah cita Auschwitz e se cala, fica em silêncio. Toma um gole de água e pousa o copo com cuidado, recupera o fôlego e passa a relatar, objetiva e detalhadamente, para Gaus, que permanece calado na poltrona à sua frente, como sua percepção foi aos poucos ficando clara. A câmera chega muito perto de seu rosto, e um vislumbre do choque que ela descreve aparece em seus olhos:

> Foi em 1943. E no começo não acreditávamos nisso, embora meu marido e eu sempre disséssemos que aquela laia seria capaz de tudo. Mas nisso não havíamos acreditado, porque ia contra toda lógica e necessidade militar. Meu marido, que é ex-historiador militar e tem noção do assunto, me disse: "Não se deixe levar por histórias. Eles jamais fariam isso!". Entretanto, seis meses depois, tivemos de acreditar, porque nos foi provado. Esse foi o verdadeiro choque. Antes tínhamos dito: "Bem, existem inimigos, isso é bastante natural. Por que um povo não teria inimigos?". Mas isso era algo diferente, era realmente como se um abismo se abrisse, porque havia a ideia de que todo o resto poderia ser remediado de alguma forma, como na política tudo sempre pode ser remediado. Mas isso não. *Isso nunca deveria ter acontecido.*

Ainda assim aconteceu. Como poderia acontecer? Para Hannah, a questão do Holocausto não era teórica, a questão do mal não era apenas um problema filosófico. O mal e o Holocausto eram questões muito pessoais, como o são para alguém que é forçado a sacrificar parte de sua vida, sua língua e seu contexto.

Mas vamos começar do início, com o nascimento de Hannah Arendt. O ano é 1906 e o lugar é Linden, Hanôver.

1. A pequena Hannah

Martha estava em estágio avançado de gravidez quando comprou, numa pequena livraria, o livro que depois a acompanharia pela vida, que ela levaria consigo em cada mudança e em cada fuga, de cidade em cidade, de país em país, e através do grande oceano até os Estados Unidos. Isso ela não sabia no outono de 1906 ao escolher, com carinho, um livro vermelho cuja capa ostentava as palavras *Unser Kind* [Nossa criança] lindamente impressas em tipos góticos negros. As folhas entre as capas vermelhas estavam praticamente em branco. Aguardavam ser preenchidas por Martha, aguardavam a história da criancinha que ela carregava no ventre.

O bebê era muito desejado, o primeiro dela e de Paul, e viria a ser o único. Tanto Martha como Paul nasceram e cresceram em Königsberg, a capital da Prússia Oriental, mas haviam saído de casa para estudar e conhecer o mundo. Martha passou três anos em Paris, onde estudou francês e música. Paul visitara várias grandes cidades europeias — conhecendo o Pártenon em Atenas e o Coliseu em Roma — antes de se formar como engenheiro em Albertina, a universidade de Königsberg, mais conhecida por ter sido a instituição onde atuou o filósofo Immanuel Kant.

Paul Arendt e Martha Cohn provinham ambos da abastada classe média judaica. A família Cohn dedicava-se à importação de produtos russos. O pai de Martha, Jacob, dirigia a J. N. Cohn & Co, a maior empresa de Königsberg e a mais importante casa de comércio de chá da Europa, que, entre outras mercadorias, fornecia chá russo aos britânicos. O pai de Paul, Max Arendt, era homem de negócios e ativo na política de Königsberg.

No início do século xx, quase 5 mil judeus viviam em Königsberg. Muitos deles eram, assim como os pais de Martha, judeus russos que haviam fugido de pogroms e perseguições. Jacob Cohn, o pai de Martha, deixou a Rússia em 1852 devido à política dura do czar Nicolau I. A esposa de Jacob, Fanny Spiero, também era refugiada russa.

Da mesma forma, a família de Paul Arendt tinha antecedentes na Rússia, mas chegaram a Königsberg em meados do século XVIII. A família Arendt saiu da Rússia para escapar do deslocamento forçado para a *Pale*, uma área extensa, originalmente criada por Catarina, a Grande, que compreendia sobretudo aldeias e cidades nas atuais Lituânia, Bielorrússia e Ucrânia, onde os judeus foram autorizados a se estabelecer.

A fuga e a perseguição que representavam uma parte do passado de Martha e Paul também fariam parte da história da filha. Entretanto, no outono de 1906, os pensamentos de Martha giravam em torno de outros assuntos. Uma relativa tranquilidade reinava no mundo, e a economia alemã prosperava. A paz na Europa já durava décadas, e as grandes alianças que se formavam, de um lado, entre Alemanha, Áustria, Hungria e Itália e, de outro, entre França, Rússia e Sérvia, prometiam ser uma garantia da estabilidade a longo prazo. O antissemitismo que havia forçado os

Cohn e os Arendt a fugir parecia pertencer ao passado, indicando o fim da época dos grandes pogroms. O futuro era promissor.

Recém-casados, os jovens Martha e Paul haviam acabado de se mudar para sua primeira casa própria numa área agradável do bairro de Linden, em Hanôver. Os pensamentos de Martha giravam em torno do bebê que se mexia à vontade sob a pele esticada da barriga. Durante todo o verão e o outono, ela havia devorado livros sobre o desenvolvimento das crianças, estudando psicologia e educação infantil. Os Arendt se viam como pessoas esclarecidas e modernas que queriam criar seu filho para ser uma pessoa independente e com capacidade de pensar. Entre as amigas da classe média progressista de Martha, assuntos como amamentação e desfralde eram temas constantes nas conversas.

Tanto Martha como Paul se preocupavam com questões sociais e se consideravam radicais. Na adolescência, ambos se uniram aos sociais-democratas, quando o partido ainda era proibido na Alemanha. Religião e assuntos religiosos pouco lhes interessavam. Assim como a guerra e o antissemitismo, a religião parecia pertencer ao passado. Martha e Paul eram pessoas modernas que rejeitavam a superstição e as ideias conservadoras sobre a sociedade e os seres humanos. Para eles, era evidente que sua criança, independentemente do sexo, teria uma boa formação e se prepararia para uma carreira profissional. Martha não havia feito curso superior, uma vez que as mulheres, naquela época, não tinham acesso à universidade de Königsberg. Entretanto, em 1906, no mesmo ano em que deu à luz sua filha, a Albertina foi aberta também para estudantes do sexo feminino.

Em 14 de outubro de 1906, uma pequena menina veio ao mundo. Recebeu o nome de Johanna, mas por toda a vida seria conhecida como Hannah, e viria a ser uma das intelectuais mais importantes e mais influentes do século XX. Sobre isso, Paul e Martha não sabiam nada, mas, como todos os pais de primeira viagem, achavam que sua filhinha era um milagre. Hannah parecia uma bonequinha, com pele clara, olhos grandes e cabelo escuro. Seus pais a observavam com fascínio, e Martha anotava meticulosamente no livro de capa vermelha o peso e o tamanho da menina, cada pequena cãibra que tinha e todo progresso que fazia.

Na fotografia mais antiga que foi preservada, vê-se uma garotinha sorridente sentada no braço do avô paterno, Max. Hannah tem pouco mais de um ano e a família está fazendo uma de suas frequentes visitas a Königsberg. Um homem imponente de barba branca bem aparada, Max segura a menininha com força, mas gentilmente — talvez para ela não se soltar de seu braço. De acordo com os registros em *Unser Kind*, Hannah era uma criança esperta. Sabia andar e falar antes de completar um ano. "Ela é um raio de sol", escreveu a mãe.

Quando Hannah mal tinha completado quatro anos, a vida da pequena família foi abalada por uma doença. A sífilis que Paul Arendt havia contraído quando jovem ressurgiu, e em 1910 ele estava tão debilitado que não pôde mais trabalhar. Em consequência, Paul, Martha e a pequena Hannah se mudaram para Königsberg, a fim de ficar perto dos avós da menina e para que Paul pudesse receber o tratamento necessário no hospital universitário da cidade. A evolução da doença foi lenta, mas implacável, e na primavera de 1911 Paul precisou ser internado. A essa altura, a enfermidade havia atingido o estágio mais grave, implicando sintomas físicos e mentais. O pai de Hannah perdeu o controle do corpo e do intelecto. À medida que os espasmos aumentavam, cresciam também leves episódios psicóticos.

Portanto, Hannah aprendeu desde cedo que a vida é frágil e que a morte pode destruir a existência humana a qualquer momento. Com a doença do pai, seu avô paterno, Max, tornou-se um porto seguro. Hannah adorava acompanhá-lo à sinagoga e gostava muito de passear com ele pelos belos parques da cidade. Paul e

Martha estavam longe de ser religiosos, mas Max frequentava a congregação judaica de Königsberg. Hannah ficou fascinada pelos rituais e ouvia atentamente quando o avô a iniciava em seu repertório de histórias, parábolas e mitos judaicos.

Já adulta, ela falou muito pouco de sua infância. Não escreveu nada a respeito de sua criação, e, em entrevistas, foi parcimoniosa ao descrever detalhes sobre seus primeiros anos. A maior parte do que sabemos sobre a infância e a adolescência de Hannah vem dos registros de Martha em *Unser Kind*. As poucas vezes em que Hannah chegou a falar de sua meninice, mencionou o avô Max como um grande contador de histórias. Talvez tenha sido ele o responsável pelo interesse da neta por literatura. Ou será que as estantes repletas de livros na casa onde cresceu fizeram de Hannah uma ávida leitora e escritora? Ela estava sempre com o nariz enfiado em um livro e lia de tudo, de poesia e romances até Kant e mitologia grega.

Max, o amado avô de Hannah, faleceu em março de 1913. Em outubro do mesmo ano foi a vez de Paul. Hannah tinha sete anos de idade e, em questão de seis meses, perdeu o pai e o avô. O luto e a preocupação deixaram Martha fora de si: como ela e Hannah se virariam agora? Mesmo que tanto os Arendt quanto os Cohn fossem abastados e cuidassem de Martha e Hannah, ser mãe sem marido no início do século xx significava vulnerabilidade. Uma fotografia tirada logo após a morte de Paul mostra uma mulher pálida, mas sóbria, e uma menina séria com tranças longas e grossas. Hannah, em pé, inclina-se para a mãe, que está sentada. As duas vestem luto e seguram a mão uma da outra com força, como se ambas fossem sozinhas contra o mundo.

Martha fez o que pôde para preservar o cotidiano da família — ensinou Hannah a tocar piano e fez questão de que a menina visse os parentes com frequência. Hannah estava especialmente apegada a Frieda, a meia-irmã do pai Paul, que a levava para a praia no verão e ajudava Martha a buscar a filha no jardim de infância.

Hannah gostava de sua escolinha, divertia-se nas brincadeiras com as outras crianças e impressionou as professoras ao aprender a ler com cinco anos de idade. Paul havia deixado uma grande coleção de livros. Ele tivera uma forte paixão pela mitologia grega e a romana, e lia tanto latim como grego. Hannah se lançou sobre os livros do pai com grande entusiasmo e acabou estudando grego e latim com muito êxito. No outono de 1913, ingressou na escola Szittnick, da qual gostou ainda mais do que do jardim de infância. Martha escreve com satisfação em *Unser Kind* sobre o entusiasmo e os progressos da filha. Hannah aprende com facilidade e, de acordo com a tutora da turma, a srta. Jander, está um ano à frente de seus colegas de classe.

O verão de 1914 é retratado como o "último verão da Europa". Foi um momento sem preocupação, cheio de fé no futuro e festas ao ar livre, dias preguiçosos na praia e um clima agradável sem precedentes. Em suas memórias, *O mundo de ontem*, o autor austríaco Stefan Zweig escreve:

> Aquele verão de 1914 teria sido inesquecível para nós, mesmo sem a desgraça que trouxe à Europa. Raramente vi um verão mais exuberante, mais belo e, quase diria, mais veranil. Dia após dia de céu azul sedoso, o ar suave sem estar abafado, os campos perfumados e quentes, os bosques sombreados e frondosos em seu tenro verdor. Ainda hoje, quando digo a palavra "verão", penso logo naqueles dias radiantes de julho que passei em Baden, próximo de Viena.

Martha e Hannah também aproveitaram o verão lindo, quente e ensolarado. Passaram a temporada na casa de veraneio da família Cohn no litoral do mar Báltico, no balneário de Neukuhren. Banhos de mar se intercalavam com jogos de croqué no jardim, e Martha conseguiu recuperar um pouco da paz interior que havia perdido com o adoecimento de seu amado Paul. No entanto, a paz e a harmonia tiveram um fim abrupto: em 28 de junho, os veranistas recebem a notícia de que o herdeiro do trono austro-húngaro, Francisco Ferdinando, fora baleado por um nacionalista sérvio em Sarajevo. Será o estopim para um impasse diplomático desastroso, que culminará no que entrou para a história como "a semana negra".

Em 18 de julho, a Áustria-Hungria declara guerra à Sérvia e rapidamente se segue uma sucessão de declarações de guerra. As alianças que haviam sido formadas entre diversos países europeus como garantias de paz e estabilidade cobraram seu preço — e uma semana depois a Europa estava em guerra. Martha e Hannah voltaram a Königsberg em pânico, mas Martha não se sentiu segura ali, descrevendo os últimos dias de agosto como "terríveis, cheios de ansiedade com a aproximação dos russos" à cidade. A invasão dos russos à Prússia Oriental parecia apenas uma questão de tempo. Em agosto, Martha e Hannah fugiram de Königsberg sem saber se poderiam voltar para casa. Foi a primeira fuga de Hannah, mas estaria longe de ser a última.

O trem que leva Hannah e sua mãe de Königsberg a Berlim está superlotado de pessoas em fuga e soldados de uniforme. O clima é caótico, e correm boatos de vilarejos queimados e saqueados, cossacos sedentos de sangue, violência e morte. Em Berlim mora Margarethe, a irmã mais nova de Martha, com seu marido e três filhos, e é lá que as duas recebem abrigo. Como qualquer criança, Hannah se diverte brincando com seus primos e se empolga com a inscrição numa escola nova, uma instituição para meninas em Charlottemburgo. Martha escreve em *Unser Kind* que Hannah se adapta bem: "Aqui, parentes e desconhecidos lhe dão muito amor e a paparicam. No entanto, ela ainda morre de saudade de sua casa e de Königsberg".

A preocupação de Martha é grande. Ansiosa, ela acompanha os desdobramentos da guerra. Martha e Margarethe ficam grudadas ao rádio toda vez que há transmissão de notícias, lendo atentamente os jornais e torcendo para o melhor. A situação parece impossível e a batalha, perdida — os russos se aproximam da Prússia Oriental dos dois lados, como uma pinça gigante e, com seus 400 mil homens, têm o dobro das forças dos alemães, que tentam resistir desesperadamente. O comandante alemão, Max von Prittwitz, quer bater em retirada e parece disposto a sacrificar a Prússia Oriental. A cúpula militar responde substituindo-o por Paul von Hindenburg, herói de guerra aposentado, que, contrário a todas as expectativas, conduz os alemães à vitória. Com a ajuda da experiência e de novas tecnologias, os russos foram vencidos, pois os alemães conseguiram, por meio do rádio de ondas curtas, interceptar os planos inimigos antes da batalha de Tannenberg, entre 24 e 31 de agosto, pegando os russos de surpresa. A Rússia sofreu uma derrota humilhante: perdeu 78 mil homens e outros 92 mil foram capturados pelos alemães. Poucas semanas depois, o exército alemão infligiu outro golpe mortal ao que restava do contingente russo nos Lagos Masurianos. Derrotados, eles bateram em retirada, e a Prússia Oriental foi libertada.

Em novembro, Hannah e sua mãe puderam voltar com segurança para sua casa em Königsberg, e pouco a pouco a vida retomou uma certa normalidade. À sombra de uma guerra mundial que custou a vida de milhões de pessoas e degringolou o mundo para sempre, Hannah se aproxima da adolescência. As ansiedades e preocupações maternas de Martha transparecem em seus registros em *Unser Kind*. Hannah contrai sarampo, tem febre alta e inexplicável em diversas ocasiões, precisa usar aparelho ortodôntico por causa de um incisivo torto, e, em 1915, sofre de uma otite incômoda e prolongada.

Martha também se preocupa porque sua filha, antes tão alegre e despreocupada, anda muito pensativa e tem explosões de raiva. Ela desabafa, em *Unser Kind*:

> Vejo minha própria juventude repetida nela, o que me deixa triste. Em relação às pessoas, ela vai seguir o mesmo caminho de lágrimas que eu. Mas suponho que ninguém pode escapar ao destino. Quem dera que fosse mais parecida com seu pai! A família Arendt é bem mais robusta emocionalmente e por isso tem muito mais facilidade em lidar com a vida do que gente de nosso tipo.

Quanto mais Hannah se aproxima da adolescência, mais seu lado melancólico e pensativo aflora. Ela escreve poesia e mergulha na filosofia e na teologia. Tem uma paixão especial por Kierkegaard e Kant, escolhas um tanto originais para uma moça criada numa família de ateus.

Embora a guerra nunca chegue a Königsberg, Martha e Hannah também são afetadas pela escassez. Assim como a maioria dos alemães, elas às vezes têm dificuldade de conseguir comida. Devido ao bloqueio muito eficiente da marinha britânica ao transporte de alimentos para a Alemanha, em 1917 e 1918, a situação beira a emergência. Todas as importações de alimentos são interrompidas, e os alemães precisam subsistir com o que cultivam e produzem em território nacional. No final da guerra, os recursos de Martha também estavam minguando. Seu pai, Jacob, havia lhe deixado uma considerável quantia de dinheiro, mas que não durou para sempre. Martha não tinha renda própria, e os negócios da empresa familiar, J. N. Cohn & Co, iam mal. Era praticamente impossível importar e exportar mercadorias como chás e confeitarias em plena guerra, com bloqueios comerciais como uma das armas do arsenal.

Portanto, Martha decidiu alugar um quarto da casa da família. Käthe Fischer, uma estudante judia, se tornou sua inquilina, e Hannah ganhou uma espécie de irmã mais velha. Perspicaz e inteligente, Käthe tinha cinco anos a mais que Hannah, na época com doze anos. As duas moças se comportavam mais ou menos como irmãs: brigas homéricas se alternavam com risadinhas e um caloroso companheirismo. Para alívio de Martha, Hannah saiu de sua concha e a melancolia parou de dominar o humor da filha, que começou a estudar grego e ficou cada vez mais envolvida com os estudos. Sua vida social também era intensa. Hannah frequentava um grupo de jovens judeus, a maioria alguns anos mais velhos que ela, mas, apesar de ser a caçula do grupo, ela era sua incontestável figura central.

Martha também se voltava para o mundo exterior, dirigindo seu interesse sobretudo à política. Durante os últimos dois anos da guerra mundial e a revolução de 1918-19, a casa da família tornou-se ponto de encontro para os sociais-democratas. No entanto, embora tenham conseguido derrubar a monarquia, os sociais-democratas e os comunistas alemães fracassaram em fazer uma revolução como a da Rússia.

Em 1920 Martha decidiu se casar de novo. Sua amizade com o viúvo Martin Beerwald já durava vários anos, e, em fevereiro, eles resolveram unir-se. Casaram-se e se instalaram na casa dele. Hannah, que a essa altura tinha catorze anos, ganhou duas meias-irmãs mais velhas, fato que não foi exatamente um mar de rosas. Com sua personalidade, força de vontade, mente brilhante e vocação para falar sem parar, Hannah era muito diferente das irmãs Beerwald — Clara e Eva. Ambas eram quietas e tímidas, e a hiperinteligente, mas muito insegura, Clara sofria de depressões recorrentes. O casamento se mostrou um arranjo feliz: Martha era um bom apoio para as filhas de Martin, e Martin garantiu a segurança e a estabilidade de Martha e Hannah no aspecto financeiro. Ao lado do novo marido, Martha não precisava temer a pobreza e a fome.

A adolescência de Hannah se caracteriza pelos estudos e por uma vida social intensa. Ela oscila entre a introversão e a paixão pelos livros — "sempre lia e havia lido tudo", disse sua amiga Anne Mendelssohn Weil — e a tagarelice e o atrevimento. Era, como sua mãe a descreve, *widerborstig*: rebelde e obstinada, o que foi uma receita para conflitos, tanto em casa como na escola. Hannah era uma aluna superdotada e por isso tinha grandes problemas com qualquer autoridade.

Aos quinze anos, recebeu uma ofensa de um professor — não se sabe ao certo no que consistia a indelicadeza — e passou a boicotar as aulas dele. Carismática e popular, Hannah conseguiu convencer suas colegas de classe a participar do boicote, o que levou à sua expulsão. Na discussão com a diretoria, Martha tomou o lado da filha, uma atitude que deve ter sido muito incomum na época, e Hannah deixou a Luiseschule, a escola que havia frequentado durante muitos anos.

Ela passou um ano num alojamento estudantil em Berlim, onde assistiu a aulas de grego, latim e teologia na universidade. Não estava totalmente desamparada, pois Martha cuidou para que seus amigos social-democratas, o casal Levin, ficassem de olho na jovem e voluntariosa Hannah. Ao retornar a Königsberg, ela optou por prestar o *Abitur*, o vestibular alemão, por conta própria. Frieda, sua tia paterna muito querida, fez as vezes de tutora informal, enquanto Adolf Postelman, um amigo próximo de Martha que era diretor de uma escola para meninos, assumiu a preparação oficial.

Na primavera de 1924, ela se formou no ensino secundário, um ano antes de suas ex-colegas de classe prestarem o exame final. Como prova de seu êxito no *Abitur*, Hannah recebeu uma pequena medalha de ouro com o retrato do duque Alberto da Prússia.

Não pôde resistir à tentação de usar a medalha e fazer uma visita à Luiseschule. A mensagem às ex-colegas e aos ex-professores foi clara: a expulsão não a havia impedido; muito pelo contrário, ela sozinha se saíra melhor do que suas companheiras de turma.

Hannah havia desenvolvido uma grande paixão por letras — pelas palavras, pela leitura e pela escrita. Tinha se aprofundado no estudo das línguas clássicas e, como disse sua amiga de infância Anne, havia lido "tudo". Logo após seu aniversário de dezoito anos, ela se mudou para Marburgo a fim de estudar teologia e filosofia. Pode parecer uma escolha estranha para uma judia secularizada e descrente. Por que estudar teologia cristã? Talvez a explicação seja Kierkegaard. O existencialista cristão dinamarquês foi um de seus grandes amores intelectuais, ao lado do filósofo alemão Immanuel Kant.

Mas por que a escolha foi justamente Marburgo? A resposta é Martin Heidegger. O primeiro namorado de Hannah, Ernst Grumach, cinco anos mais velho do que ela, tinha estudado por um tempo em Marburgo, e Hannah ficou intrigada com suas histórias sobre o professor brilhante que estava revolucionando a filosofia alemã. Depois de seu ano em Berlim, durante o qual conquistou independência e maior confiança, ela estava determinada a estudar filosofia, a compreender algo sobre a existência. E quem melhor para guiá-la nessa jornada do que Martin Heidegger, o filósofo de quem todos falavam?

Portanto, em 1924, com dezoito anos recém-completados, e alguns meses depois de se formar com louvor, ela seguiu os passos de muitos outros jovens intelectuais alemães de ambos os sexos: foi a Marburgo para ser ouvinte e aprendiz de Martin Heidegger.

Cheia de apreensão e expectativa, Hannah deixou para trás Königsberg e sua mãe, tudo o que conhecia e era, a fim de se lançar ao desconhecido, num salto de dimensões kierkegaardianas.

2. A paixão

Numa homenagem a Martin Heidegger, por ocasião da comemoração de seus oitenta anos, Hannah escreve:

> O boato dizia simplesmente: o pensamento voltou à vida, os tesouros da formação do passado, antes tidos por mortos, são levados a falar, e descobrimos que apresentam coisas totalmente diferentes do que suspeitamos. Existe um mestre, talvez possamos aprender a pensar.

Aprender a pensar — algo poderia ser mais atraente para uma jovem segundo a qual sua questão era: "posso estudar filosofia ou então me afogar"?

Para Hannah, conhecer Martin tornou-se sinônimo de fazer sua entrada no mundo da filosofia. "A filosofia foi meu primeiro amor", afirmou muito tempo depois, e Martin Heidegger era a encarnação física da filosofia. Ele era o filósofo em pessoa: genial, bonito, poético, simples nos trajes, como que para mostrar que estava acima de coisas mundanas como a moda, e com um olhar intenso. Era um intelectual, mas ao mesmo tempo um homem que fazia caminhadas na floresta e esquiava. Suas aulas cativavam a plateia, mas ele também passava muito tempo na solidão, na modesta cabana de madeira que sua mulher lhe mandou construir em Todtnauberg.

Em suma, era irresistível para uma jovem com fome intelectual e altos ideais. Moças e rapazes fizeram questão de ir para Marburgo especialmente por causa dele. A fama do jovem professor universitário que trabalhava no espírito de Edmund Husserl os atraiu para lá.

No momento em que Hannah faz sua entrada na vida de Martin, ele está na fase final de seu grande projeto, o qual lhe conferiu um lugar entre os filósofos mais importantes do século xx: *Sein und Zeit* [Ser e tempo]. Martin tinha uma vida muito convencional, confortável e apropriada, mas solitária. "Vivo em solidão", escreveu ele numa das primeiras cartas que enviou a Hannah, dando a entender que ansiava por uma alma gêmea com quem pensar, alguém que o ouvisse e lhe fizesse companhia quando a solidão se tornava pesada demais, alguém que a remediasse.

Os primeiros anos de Hannah na universidade coincidiram com o período de relativa estabilidade que a antes atribulada República de Weimar encontrou com a ajuda do programa governamental para estabilizar a economia e frear uma inflação galopante. Em meados da década de 1920, a economia alemã lentamente começou a se recuperar após a Primeira Guerra, e, para a maioria, o padrão de vida subiu. A atividade cultural floresceu, com escritores tão diversos como Bertolt Brecht, Ernst Jünger, Thomas Mann, Alfred Döblin e Erich Maria Remarque. Muitos artistas e escritores alemães foram atraídos pelo expressionismo, e a vida noturna de Berlim tornou-se agitada e decadente.

O romance *Adeus a Berlim*, de Christopher Isherwood, assim como o filme *O anjo azul*, de Josef von Sternberg, com Marlene

Dietrich no papel principal como Lola, a vampe cantora de cabaré, retratam essa época quase mítica de Berlim que se caracterizou por sentimentos de perdição e euforia em igual medida. A indústria cinematográfica alemã teve um momento de glória com filmes como *Metropolis*, de Fritz Lang, e em 1929 foi exibido o primeiro filme sonoro, *Melodie der Welt* [Melodia do mundo]. A bebida rolava solta, as noitadas eram intensas; a sexualidade, devassa; o clima, a um só tempo animado e nostálgico; as pessoas, sem escrúpulos.

Entretanto, Marburgo, a pequena cidade universitária em Hessen, estava longe da atmosfera decadente da capital. Hannah Tillich, casada com Paul Tillich, professor titular de teologia sistemática na Universidade de Marburgo na década de 1920, escreve em sua autobiografia que "cabelos curtos e roupa na última moda atraíam olhares de censura das pessoas na rua". De fato, Marburgo se caracterizava por certo conservadorismo, ao mesmo tempo que uma revolução intelectual, uma nova maneira de pensar, permeava o mundo acadêmico. Estudantes da Alemanha inteira dirigiam-se a Marburgo para participar dos seminários de Martin Heidegger e assistir a suas aulas vanguardistas, e foi lá que ele, discípulo de Edmund Husserl, criou a filosofia continental moderna.

Apesar do conservadorismo e por vezes a sufocante estreiteza de espírito da cidade pequena, podemos imaginar que Hannah, uma jovem pensante, dada à leitura e ávida de saber, se deixou influenciar pelas tendências decadentes que caracterizavam a mundana Berlim. Sua atitude intelectual e questionadora em relação à vida coexistia com uma melancolia que transparece nos poemas que ela escreveu no início da década de 1920.

Durante os anos em Marburgo (1924 a 1926) e Heidelberg (1926 a 1929), Hannah lê e escreve muitos poemas, que tendem a girar em torno da transitoriedade da vida, do anseio por um difuso "tu" e a busca de um "eu". Jovem e romântica, ela chega a Marburgo já tendo lido Kierkegaard, Goethe e Thomas Mann. O existencialismo de Kierkegaard, assim como sua paixão infeliz por Regine Olsen, impressionaram Hannah. O mesmo aconteceu com o romance clássico de Goethe sobre os sofrimentos do jovem Werther, e ela devorou *A montanha mágica*, de Thomas Mann.

Que imagens do amor encontrou ali? Kierkegaard, Goethe e Mann pintam uma imagem do amor que alterna entre imensa felicidade e profunda infelicidade — com ênfase nesta última. Em grande parte, o amor parece consistir em sofrimento, anseio e distância. Kierkegaard ama sua Regine, com quem por razões insondáveis não pode viver. O jovem Werther sofre de depressão profunda como resultado de seu amor impossível por Lotte e no fim acaba tirando a própria vida. O doente Hans Castorp de *A montanha mágica* tampouco tem sorte, apaixonando-se perdidamente por Claudia Chauchat durante seus sete anos de estância no sanatório de Berghof, em Davos. Portanto, Hannah estava preparada, pelo menos no plano literário e teórico, para conhecer a paixão em sua versão mais destrutiva.

Em Marburgo, ela conhece o bem mais velho Martin, um homem de muito carisma, apelidado de "Mago de Messkirch" pelos estudantes devido a sua capacidade de enfeitiçar seu público. E Hannah se encanta. É acometida por uma paixão, talvez uma obsessão, que nunca passará. Martin, por sua vez, fica tão fascinado por Hannah quanto ela por ele: "Querida Hannah", escreve em 27 de fevereiro de 1925, logo depois do início do relacionamento amoroso de ambos. "O demoníaco me atingiu. A oração silenciosa de suas queridas mãos e sua testa luminosa o protegeram numa transfiguração feminina. Nunca me ocorreu algo assim", observa ele de forma dramática.

Parece que o encontro entre Hannah e Martin foi assombroso para os dois. Hannah, ou melhor, os fortes sentimentos de Martin por Hannah criaram desordem na vida dele, até então altamente ordenada. Ao iniciar uma relação amorosa com a estudante muito mais nova, que, além do mais, era de origem judaica, ele pôs em risco seu casamento e sua carreira.

Hannah é lançada numa montanha-russa emocional que perdura por anos. Martin a faz sentir ora intensa felicidade ora tristeza igualmente intensa. "Eu teria perdido meu direito à vida se perdesse meu amor por ti", ela lhe escreve em 1928, como se sua existência dependesse da dele.

Em seu livro *Da sedução*, o filósofo e sociólogo francês Jean Baudrillard descreve a sedução e a paixão com palavras que lembram um diagnóstico, uma psicose, talvez um delírio. De acordo com ele, a sedução visa e leva a uma percepção desintegrada da realidade, apagando o limite entre o eu e o outro. Não soa muito agradável — e a paixão de Hannah por Martin não foi só agradável. A julgar pelas cartas preservadas e as descrições feitas por ela, o relacionamento com Martin parece ter sido muito doloroso. Será que foi amor? Será que foi dependência? Ou, quem sabe, uma loucura mútua?

Com frequência o amor romântico é descrito como uma espécie de loucura, ao menos no mundo da ficção. Nos romances clássicos, o amor é eterno, absoluto, exclusivo, a única coisa que pode dar significado à vida e tornar a existência suportável. Há brigas acaloradas, ciúmes intensos, doces reconciliações, sofrimento amargo e mortes cruéis e súbitas. Romeu não pôde viver sem sua Julieta. Bella está preparada para desistir de sua vida humana por Edward. Anna Kariênina se joga na frente de um trem ao ser deixada pelo conde Vrónski. Esses atos são uma expressão de quê, senão daquele tipo característico de loucura provocada pelo desespero?

Talvez essa noção ficcional do amor romântico esteja mais ligada a uma ideia de feminilidade como força que mantém sob controle a masculinidade destrutiva e que representa a bondade abnegada. Sonia Marmeladova, a jovem devota e modesta de *Crime e castigo*, de Dostoiévski, se prostitui para sustentar seus meios-irmãos e sua madrasta malvada, e depois se apaixona pelo assassino Raskolnikov. Ela o induz a confessar, acolhe seu desespero e, sem julgar, aceita sua confissão e culpa.

Como se sabe, Dostoiévski se empenhou em tentar descrever a bondade. Em cada romance, ele retrata uma figura de Cristo, e, em *Crime e castigo*, Sonia é quem personifica a bondade divina. Ela se sacrifica pelo outro, por Raskolnikov. Sem exigir nada em troca, doa seu tempo, seu amor e sua compaixão. Sonia ouve Raskolnikov da mesma maneira que Hannah ouvia Martin. A mulher atenciosa e abnegada é um arquétipo cultural, um papel disponível para toda mulher desempenhar e todo homem explorar.

Martin notou a jovem delgada de olhos escuros e cabelo basto assim que ela apareceu em suas palestras — Hannah era completamente diferente das mulheres loiras e bem torneadas com quem cresceu, completamente diferente de Elfride, o retrato da valquíria Brunilda com quem se casou. Durante semanas, Martin procurou o olhar de Hannah no auditório até que, depois de quase dois meses de intenso contato visual, ele a chamou para seu escritório. Hannah chegou de capa de chuva e um chapéu puxado sobre o cabelo negro. Escutou-o com os olhos abaixados, respondendo apenas "sim" e "não", provavelmente muda de apreensão e reverência diante do grande docente.

Pelo visto, a florescente feminilidade e o jeito tímido de Hannah causaram uma forte impressão em Martin Heidegger. Nas muitas cartas que escreveu para Hannah, cartas que ela guardou e preservou com zelo, ele repetidamente relembra esse primeiro encontro em seu escritório. Apesar de ter sido forçada a fugir várias vezes, primeiro da Alemanha e depois da França, apesar de ter sido internada durante a guerra, apesar de ter vivido no exílio por anos sem uma casa própria, Hannah conseguiu preservar as correspondências que Martin lhe enviou. Ele, ao contrário, não guardou nenhuma das muitas cartas que ela lhe escreveu, e somente aquelas que Hannah optou por copiar foram preservadas. Isso torna estranha a leitura da correspondência entre os dois. Enxergamos Hannah pelos olhos de Martin, ouvimos sua versão do relacionamento de ambos, seguimos seu raciocínio sobre a natureza do amor e a essência da mulher. Temos de adivinhar as respostas de Hannah. Por que Martin não guardou as cartas da jovem por quem estava tão fascinado? Talvez receasse que sua esposa as descobrisse, ou talvez apenas não considerasse a correspondência de Hannah importante o suficiente para preservá-la.

As primeiras cartas que Martin envia a Hannah, no inverno e na primavera de 1925, são grandiloquentes, fervorosas, galantes, além de insistentes e cheias de descrições dela. Em termos sonhadores, ele escreve sobre sua "natureza feminina", sua "feminilidade interior", sua "essência própria de mulher". Logo na segunda carta, datada de 21 de fevereiro de 1925, ele trata do amor:

> Aqui, a proximidade é estar à distância máxima do outro — distância esta que não deixa nada se confundir, mas coloca o "tu" no somente-aí transparente, porém incompreensível, de uma revelação. Que a presença do outro de repente irrompe em nossa vida é algo que nenhuma mente consegue penetrar. O destino humano se entrega ao destino humano, e a tarefa do amor puro é manter viva essa entrega como no primeiro dia.

Martin gozava de admiração e respeito, não apenas de seus alunos, mas também de seus colegas. Nas cartas a Hannah, ele relatava suas conversas com Edmund Husserl e Rudolf Bultmann, com Karl Jaspers e Ernst Cassirer. Ele lhe deu acesso a mundos que ainda não eram dela, discutiu pensamentos filosóficos com ela e lhe pediu que lesse seus textos.

Amo: volo ut sis — "Eu amo: quero que existas" — escreveu Martin numa das primeiras cartas que enviou a Hannah. A citação atribuída a Santo Agostinho é uma evocação, como se ele a criasse através de seu amor. Sua vontade gera a existência dela. Deve ter sido espantoso para uma jovem inexperiente de dezoito anos de idade, e Hannah logo se tornou a companheira que ele procurava — uma alma gêmea, uma musa, alguém a adorar e alguém por quem ser adorado: uma Regine Olsen, uma Lotte, uma Claudia Chauchat.

As cartas de Martin são um estudo sobre a sedução: fundamentalmente, a sedução trata de identificar os sonhos e as expectativas do outro e transformar-se naquilo com que o objeto da sedução sonha. Ele se tornou o grande pensador atormentado com quem Hannah sonhava, e ela se tornou o ser feminino, de corpo e mente, com quem ele sonhava: submissa, porém forte; apaixonada, porém racional; inteligente, porém inexperiente.

Na preocupação da paixão com o outro há uma preocupação igualmente grande com o próprio eu. Os apaixonados se espelham um no outro, procuram semelhanças e diferenças, desejam e esperam ser compreendidos num nível fundamental.

Com apenas poucas semanas de relacionamento, em abril de 1925, Hannah envia um texto extenso a Martin que ela chama de *Die Schatten* [As sombras], provavelmente uma referência ou mesmo uma resposta à discussão apresentada por ele com base no conceito das "sombras".

O texto de Hannah está repleto de referências ao universo conceitual de Martin e sua luta com a fenomenologia. Assim como ele, ela parte da própria existência e faz filosofia com base em suas experiências, descrevendo a dificuldade de compreender a vida, de enxergar o Ser, até sua própria existência, seu próprio ser. Ela é alheia também diante de si mesma, porém compreende o significado das sombras. Devido às sombras que obscurecem a visão do ser, compreendemos pelo menos que não compreendemos.

Além de ser um raciocínio filosófico, o texto também revela o mundo interior da jovem Hannah, que se apresenta como vulnerável e receosa, melancólica e solitária, mas ao mesmo tempo motivada e dedicada. Ela menciona uma *starre Hingegebenheit an ein Einziges*, uma devoção fixa a uma única coisa. Não está claro o que é essa "única coisa", se é Martin, a filosofia ou outro assunto, mas uma leitura apontaria que essa foi sua maneira de declarar total lealdade e dedicação a Martin, ou ao pensamento de Martin.

Ele lhe agradece por tê-lo deixado ler o que chama seu "diário", descrevendo como ela é importante em sua vida:

> Depois que li seu diário, não posso mais dizer que "você não entende isso". Você o intui — e acompanha. As "sombras" apenas existem onde há *sol*. E esse é o fundamento de sua alma. Desde o centro de sua existência, você se tornou próxima de mim e para sempre será uma força ativa em minha vida. A desarmonia e o desespero nunca poderão gerar nada igual a seu amor prestativo em meu trabalho.

Essa resposta é uma afirmação da capacidade intelectual de Hannah. Ela entende o pensamento de Martin. Também é uma afirmação de sua importância para ele. Na mesma carta, Martin escreve que "de agora em diante, você fará parte de meu trabalho".

Embora seja frequente a ênfase à influência de Martin Heidegger sobre o pensamento de Hannah Arendt, mais rara é a menção da influência que ela indubitavelmente exerceu sobre ele e sua obra. Martin deu a Hannah acesso a novos mundos: falou de Sócrates, de Platão e de Heráclito, e fez longas exposições sobre literatura, música e poesia. Hannah bebeu o conhecimento e se deleitou ao ouvir uma pessoa com sua mesma paixão por entender a ordem das coisas, uma pessoa que, em função de sua idade e profissão, sabia mais sobre tais assuntos.

Assim como ele lhe deu acesso a novos mundos, ela também lhe deu algo: via com um olhar impoluto as coisas familiares a ele.

O relacionamento entre Martin e Hannah era sem dúvida desigual. Os dois se encontravam quando convinha a ele, e ela ficava à disposição sempre que ele conseguia escapar da esposa. O poder existe como premissa subjacente de qualquer relacionamento, e o amor deixa a pessoa numa posição fraca. Existe a tentação de explorar o afeto do outro para ganhar uma vantagem — e aquele que ama mais, que se torna mais dependente, está sempre em posição mais vulnerável.

É fácil, quem sabe fácil demais, tirar a conclusão de que Hannah estava numa posição de inferioridade, e que Martin detinha todo o poder em seu relacionamento amoroso. Provavelmente era mais complicado do que isso. "Poder", escreve Max Weber, "é fazer as coisas acontecerem" — e Hannah deve ter feito as coisas acontecerem. As cartas que Martin escreveu, especialmente nos primeiros anos do relacionamento, também mostram quanto ele precisava dela. Como um menininho que busca o elogio da mãe, Martin buscava o apreço de Hannah. Manifesta um forte desejo por ela. No final de maio de 1925, declara: "Meu anseio por você está cada vez mais difícil de controlar".

Ao que parece, a necessidade que sentiam um do outro era mútua, embora Martin, devido às circunstâncias em que vivia, fosse quem decidisse se e quando se veriam.

Hannah se submeteu às regras dele. Quando chamada, saía correndo. Inclusive aceitou seu sistema de sinais luminosos: se a lâmpada da janela estivesse acesa, significava que ele por algum motivo fora obrigado a cancelar o encontro marcado, e ela teria de ir embora. No primeiro ano, os dois se encontravam no quarto dela, no alojamento estudantil, ou no escritório dele. Tarde da noite caminhavam bem perto um do outro em parques escuros, passando muitas horas sentados em bancos escondidos.

Os anos em Marburgo e o relacionamento secreto com Martin deixaram Hannah sozinha e isolada. No seminário de Heidegger, havia mais um estudante judeu além dela: Hans Jonas. Os dois se tornaram bons amigos, e Hans foi um dos poucos a frequentar o pequeno sótão onde ela vivia. Muito mais tarde, numa carta, ele relata o seguinte episódio de uma de suas visitas: um camundongo havia se instalado no quarto, e Hannah caracterizou o pequeno roedor como tão sozinho, "*so allein*", quanto ela mesma.

O amor entre Hannah e Martin foi marcado pelo medo — medo de serem descobertos, mas também medo de que o outro de repente desaparecesse. Nenhum dos dois podia fazer exigências ao outro, nenhum dos dois tinha algum direito sobre o outro. A relação existiu nas sombras, nunca reconhecida, nunca visível.

Durante os anos em que o relacionamento com Martin estava no ponto mais intenso, Hannah escreveu sua tese de doutorado sobre Santo Agostinho e seu conceito de amor. Partindo do conceito agostiniano de *appetitus*, ou desejo, como uma metáfora para o amor, Hannah reflete sobre a relação entre o amor, o desejo e o medo: "O desejo, i.e., o amor, é a possibilidade de as pessoas tomarem posse de seu *bonum*, ou bem. Esse amor se transforma em medo, pois o medo da perda resulta do desejo de ter e possuir. No momento da posse, o desejo se transforma em medo".

Poderia ser uma descrição de seu amor por Martin. O desejo de possuir é um ingrediente significativo em todo relacionamento amoroso. A mulher fala de "meu homem", o homem, de "minha mulher". Em sua obra-prima *Em busca do tempo perdido*, Marcel Proust escreve sobre o desejo de possuir: "Possuir o que se ama é uma felicidade maior do que o próprio amor". Talvez a posse, assim como indica o conceito de *appetitus* de Santo Agostinho, seja a essência do amor apaixonado, o amor que deseja — e o que desejamos queremos possuir. Hannah nunca pôde chamar Martin de seu homem. Ela só o possuía por breves momentos, e o medo de perdê-lo estava sempre presente.

3. Situações-limite

Mesmo depois de Hannah deixar Marburgo para trabalhar na sua tese de doutorado em Heidelberg, o relacionamento com Martin continuou. Eles se encontravam em pequenos hotéis situados ao longo da ferrovia entre as duas cidades. "Acho que já entendi que você não vem mais", escreve Hannah em desespero numa mensagem datada de 22 de abril de 1928. A essa altura, ela já o aguarda há vários dias. Em 18 de abril, Martin, que visitava Heidelberg por alguns dias, escrevera: "Se eu não te visitar esta tarde entre as duas e as quatro, por favor, espere por mim às dez da noite em frente à biblioteca universitária".

Por quanto tempo Hannah ficou esperando do lado de fora da biblioteca universitária até perceber que Martin não viria? Quem já esperou por um amor que não apareceu lembra como emoções conflitantes se agitam em seu íntimo enquanto os minutos se transformam em horas, e a consciência de que ele, o amado, não vem é inevitável, resultando em inquietação, raiva, tristeza, frustração e desespero.

A carta que Hannah envia a Martin em 22 de abril de 1928 foi escrita por uma mulher arrasada, porém ainda intensamente apaixonada:

> O que quero te dizer agora nada mais é do que uma descrição real e muito sóbria da situação. Eu te amo como no primeiro dia — você sabe disso, e eu sempre o soube, mesmo antes deste reencontro. O caminho que você me mostrou é mais longo e mais difícil do que imaginei. Exige uma vida inteira. A solidão desse caminho foi livremente escolhida e é a única opção de vida que me cabe.

Hannah, agora com 22 anos, explica bravamente ao homem que ama, o homem que a desapontou, como sua solidão é uma escolha própria e como está grata por ele ter-lhe mostrado o caminho a trilhar.

Muitos anos depois, mais precisamente em maio de 1960, Hannah escreve para sua amiga Mary McCarthy, que está vivendo seu próprio caso de amor com um homem casado, e manifesta seu receio de que Mary possa se magoar. Pede à amiga que tome cuidado — talvez devido a suas próprias experiências amargas. Mary responde francamente numa carta enviada de Roma: "Não se preocupe comigo. Dessa vez, me magoei, sim", observa, mas em seguida conta como a calma voltou. Hannah responde laconicamente, talvez desiludida, que se magoar "é apenas mais uma maneira de estar viva".

A observação de Hannah sobre a dor como parte da vida, até mesmo como uma maneira de se sentir viva, faz lembrar o termo *Grenzsituation*, de Karl Jaspers, um conceito que ele define como "situação existencial decisiva". Trata-se de situações que apresentam um desafio existencial, ou seja, os grandes e decisivos acontecimentos que não podem ser evitados. As situações-limite são paradoxais, pois nos levam a perceber as limitações da vida e mesmo assim a nos sentir intensamente vivos. O compromisso com a vida, com nossa própria existência, cresce à medida que sentimos e aceitamos nossas limitações — nossa mortalidade, por assim dizer. Pois a morte é inegavelmente o limite definitivo de nossa existência, com o qual todos temos de lidar. É algo assombroso ver e sentir nossas limitações e, ao mesmo tempo, perceber de vez a importância da vida, do que existe aqui e agora.

A carta que Hannah escreveu para Martin em abril de 1928 transborda uma situação-limite. Diante de sua própria incapacidade de despertar o amor do amado, ela articula uma consciência em torno de sua vida e o caminho que terá de ser seu. Talvez tenha percebido algo decisivo sobre sua própria existência e as condições da vida humana ao enxergar e aceitar as falhas de Martin. O fato de que fez uma cópia da carta que enviou de Heidelberg para ele em Marburgo, cópia que guardou até a morte, indica que ela mesma considerou ter chegado a algum tipo de decisão naquele dia de abril de 1928. Talvez guardasse a carta para lembrar a dor. Para sorrir com ternura do desespero da jovem Hannah, sabendo que sua vida não se tornaria a caminhada solitária que ela, naquele dia em Heidelberg, havia imaginado.

A mudança para Heidelberg forneceu a Hannah um contexto intelectual que ela não tivera em Marburgo. Lá, Karl Jaspers assumiu o posto de orientador de Hannah. Ele havia iniciado sua carreira acadêmica como psiquiatra, mas na casa dos quarenta anos mudou de ramo e se tornou filósofo. Hannah e Karl permaneceram bons amigos até o final da vida. Suas influências eram as mesmas — Kant, Kierkegaard, Goethe, Nietzsche — e ambos tinham uma dívida intelectual com Martin Heidegger.

Além do mais, em Heidelberg ela se entrosou com um grupo de estudantes e doutorandos de sua idade e teve diversos casos de amor de pouca duração: com Erwin Loewenson, que mais tarde se tornaria escritor, e com Benno von Wiese, que a iniciou na vida dos salões intelectuais de Heidelberg. Quando conheceu Hannah, Von Wiese acabara de concluir e publicar um estudo sobre Friedrich Schlegel e era considerado uma estrela intelectual e tanto. Juntos formavam um par encantador: jovens, bonitos e brilhantes.

Embora Hannah tivesse uma vida intensa, emocionante e instigante em Heidelberg, não esqueceu Martin. Continuaram a trocar cartas e a ter encontros furtivos sempre que possível. Nas cartas preservadas de Martin a Hannah, ele lhe jura seu amor, alegra-se por ela estar "radiante de felicidade" quando se veem e pede que lhe mande fotos. Muito tempo depois, Hannah admite sem meias-palavras que foi embora de Marburgo unicamente por causa dele. Precisou se desvencilhar de suas garras, o que conseguiu, mas só parcialmente. Ninguém pôde substituí-lo por completo em sua vida.

Em 1929 ela dá o passo drástico de se casar com Günther Stern, um jovem que também fora aluno de Heidegger. Eles se conhecem num baile de máscaras em Berlim, organizado com o fim de arrecadar dinheiro para uma pequena publicação marxista. O baile é realizado no Museu Etnográfico, e os convidados estão fantasiados, fazendo jus à ocasião. Hannah vai vestida de mulher de harém árabe. Passa a noite inteira com Günther, e, menos de um mês depois do encontro no baile de máscaras, ambos se mudam juntos para um apartamento em Berlim.

Assim como Hannah, Günther Stern provinha da classe média intelectual de judeus assimilados. Eles frequentavam os mesmos círculos, gostavam de música e literatura e tinham ambições parecidas na vida. Mesmo assim, o casamento nunca foi feliz. Hannah ainda estava apaixonada por Martin, com quem mantinha contato apesar do casamento. Günther, por outro lado, já sentia sua confiança em Martin vacilar e se preocupava com a atitude política aceleradamente reacionária e o intenso nacionalismo de seu antigo ídolo.

Sua desconfiança havia aumentado depois de uma visita ao chalé do casal Heidegger em Todtnauberg, onde a esposa de Martin, Elfride, a valquíria loira, manifestara admiração pelo excelente físico de Günther: "Você deveria se filiar aos nacional-socialistas!". Günther conta a Hannah como, pasmado, respondeu: "Olhe para mim e perceberá que pertenço ao tipo do qual vocês querem se livrar". Elfride, que desde muito cedo se filiara ao Partido Nacional-socialista, não entendeu que Günther Stern pertencia à etnia que ela considerava inferior — a dos judeus.

Apesar das dúvidas do marido sobre as opiniões de Martin, Hannah persiste em sua lealdade e amor. Günther vive na feliz ignorância sobre o relacionamento de sua esposa com Heidegger e provavelmente não atribuiu grande importância à carta que Hannah mandou para Martin logo depois de ela e Günther se tornarem um casal. "Não se esqueça de mim e não se esqueça de quanto e quão profundamente sei que nosso amor se tornou a bênção de minha vida", escreve Hannah na primavera de 1929, encerrando a carta com palavras afetuosas: "Beijo sua testa e seus olhos".

A última vez que Hannah vê Martin antes de romper com ele e, mais tarde, ser forçada a fugir da Alemanha acontece um dia depois de ela e Günther o terem recebido em sua casa em Berlim. Martin e Günther vão pegar o trem juntos a Friburgo, e Hannah parte para a estação a fim de conseguir um último vislumbre de seu amor — Martin Heidegger, não seu marido Günther. No entanto, o encontro com Martin na estação não acaba sendo o que ela quer, levando-a a entrar em pânico ao perceber que ele não a reconhece:

Mas por alguns segundos eu estava parada na sua frente, você na verdade já me tinha visto — você ergueu os olhos brevemente. E não me reconheceu. Quando eu era pequena, minha mãe certa vez me assustou assim, fazendo uma brincadeira tola. Eu tinha lido o conto de fadas sobre o Anão Narigão cujo nariz crescia tanto que ninguém mais o reconhecia. Minha mãe fingiu que esse era meu caso. Ainda me lembro perfeitamente do pavor cego com que gritei: "Mas sou sua filha, sou a Hannah!". Foi algo assim hoje. E então, quando o trem já estava partindo, tudo se deu exatamente como eu havia imaginado e talvez até desejado: vocês dois lá em cima e eu sozinha lá embaixo, completamente impotente diante disso. E como sempre não me restou outra alternativa senão deixar acontecer e esperar, esperar, esperar.

Não chegou nenhuma resposta de Martin, pelo menos nenhuma que tenha sido preservada. Após a visita dele a Berlim, o contato entre Martin e Hannah foi interrompido, ao que sabemos, até 1933.

Em 1929, no mesmo ano em que Hannah apresenta sua tese de doutorado e se casa, ocorre a grande quebra da bolsa de Nova York. Na Quinta-Feira Negra, 24 de outubro, quando a bolsa cai de forma dramática e inesperada, Hannah acaba de completar 23 anos. A crise rapidamente atinge os bancos americanos, e os bancários trabalham dia e noite enquanto a derrocada continua. À Europa, chegam imagens e filmes da bolsa de valores nas altas horas da noite, mostrando funcionários exaustos dormindo no chão de mármore.

Durante as semanas mais intensas, entre 3 de setembro e 13 de novembro, o índice de ações industriais despenca em 50% e as pessoas perdem enormes somas de dinheiro, centenas de milhares ficam desempregadas, algumas ficam sem suas casas e seus bens, e o número de suicídios sobe. Os jornais europeus noticiam como corretores falidos, banqueiros e milionários arruinados se jogam dos arranha-céus de Wall Street em desespero.

A realidade foi um pouco menos desastrosa. Desde a Quinta-

-Feira Negra até o final do ano, o jornal *The New York Times* relatou quase cem suicídios e tentativas de suicídio, dos quais metade estaria relacionada à quebra da bolsa.

O colapso de Wall Street será o início de uma recessão global que também atinge a Europa. A Alemanha, que ainda sofre em função das condições desfavoráveis impostas pela paz de Versalhes, é duramente afetada, e uma vez que os investimentos americanos foram cruciais para o crescimento alemão durante a década de 1920, as consequências da queda do mercado americano se tornam fatais.

No início da década de 1930, forte inflação, alto desemprego, grande tensão social, tumultos e confrontos violentos nas ruas caracterizam a terra natal de Hannah Arendt. Os partidos tradicionais, os conservadores e os liberais, perdem o apoio dos eleitores, e lenta e inexoravelmente o terreno se prepara para a ascensão do Partido Nacional-Socialista dos Trabalhadores Alemães, o NSDAP. A Hannah que vemos nas fotografias do final dos anos 1920 — o cabelo escuro repartido ao meio e um olhar romântico e distante, bem no clima da época — se torna adulta numa fase conturbada de nossa história moderna.

Em janeiro de 1933, Adolf Hitler é nomeado chanceler, e a partir desse momento a vida muda fundamentalmente: "Em 1933, o desinteresse não era mais possível", diz Hannah numa entrevista. Já em 1931, ela estava convencida de que os nazistas assumiriam o poder, mas poucos de seus amigos queriam acreditar na sua convicção sobre a forma que o nazismo vinha assumindo.

Depois de ter estudado teologia e filosofia por quase dez anos, Hannah se volta para o mundo. Está preocupada com a trajetória da Alemanha; seu desassossego e seu medo crescem. A filosofia não a ajuda a entender o que está acontecendo e tampouco parece ser a resposta de como conter as tendências destrutivas. Ela anseia por ação e quer fazer algo concreto, algo além de pensar.

4. O cerco se aperta

O casamento de Hannah e Günther não foi tão harmonioso como se poderia desejar. Embora tivessem uma educação parecida e compartilhassem uma série de interesses intelectuais, a vida em comum era caracterizada por irritação e brigas. Isso se devia a seus temperamentos desiguais, e as pressões externas — o antissemitismo, a turbulência política e a crise econômica — não ajudaram. Alguns casais se aproximam por adversidades e tribulações, outros se afastam ao enfrentar dificuldades. Hannah e Günther pertenciam à última categoria.

A situação na Alemanha torna-se cada vez mais difícil para a população judaica. Günther é forçado a deixar a Alemanha já em 1933. Sua colaboração com o dramaturgo e comunista convicto Bertolt Brecht leva as autoridades a ficar de olho nele, e, temendo por sua vida, Günther foge para Paris. Esse será o fim do casamento com Hannah, mas a amizade dos dois perduraria por toda a vida.

Hannah, por sua vez, permanece na Alemanha, mas a situação se torna cada vez mais insustentável. Além do mais, rumores preocupantes sobre a conduta de Martin na universidade de Friburgo chegam a ela durante o inverno de 1933. Dizem que Martin, como reitor recém-nomeado da universidade de Friburgo, está barrando estudantes judeus de seus seminários, rejeitando doutorandos judeus e deixando de cumprimentar colegas judeus. As notícias deixam Hannah horrorizada. Embora esteja ciente da filiação de Martin ao partido nazista, ela nunca o imaginou como antissemita.

Numa carta enviada no inverno de 1933, Hannah exige uma resposta de Martin. Quer saber se o que está sendo dito sobre ele é verdade, se vem tratando mal estudantes e colegas judeus.

A última carta dele, ao ser lida, deixa um sabor amargo. Martin rechaça as perguntas de Hannah sobre seu tratamento a estudantes, doutorandos e colegas judeus como "calúnias". Com amargura, escreve que, "entretanto, há muito tempo desisti de esperar algum tipo de gratidão ou até mesmo uma atitude decente dos chamados 'discípulos'". Encerra a carta dando a entender que nada disso diz respeito a seu relacionamento com ela. A carta, ora autocomiserativa, ora agressiva, não convence Hannah.

Karl Jaspers, o orientador de Hannah em Heidelberg, é um dos acadêmicos que se darão mal durante os anos da reitoria de Martin. Karl tinha um cargo de docente na universidade de Heidelberg e era casado com uma judia, Gertrud Mayer, condição que lhe causou grandes problemas na Alemanha nazista. Em 1937, lhe seria tirado o direito de lecionar nas universidades alemãs, e em 1938 ele foi proibido de lecionar por completo. Até o final da guerra, o casal Jaspers viveu com medo constante de ser deportado para um campo de concentração.

Karl conhecera Martin em 1920, numa recepção na casa de outro filósofo, Edmund Husserl. Os dois se deram bem de imediato, e o diálogo intenso que se iniciou naquele jantar continuou por anos. Karl considerava Martin seu único par na área da filosofia — ambos eram figuras proeminentes na nova escola filosófica alemã, surgida na década de 1920. Em inúmeras cartas, durante longas caminhadas, em salões e a mesas de jantar, assim como em salas de seminário, discutiam as questões filosóficas que fascinavam os dois. Além do mais, eram grandes amigos. Pelo menos, era o que Karl pensava.

Entretanto, em sua última visita à casa dos Jaspers, Martin foi extremamente grosseiro com Gertrud, a esposa de Karl. Quando Karl lhe conta que Gertrud tem chorado com as notícias que lê nos jornais, Martin responde com frieza que "faz bem chorar um pouco de vez em quando". Depois dessa indelicadeza, Martin deixa a casa dos Jaspers sem se despedir da mulher.

Apesar da falta de amabilidade, Karl continua a lhe escrever e convida Martin para visitar sua casa de novo, algo que ele nem se digna de responder.

Quando Karl, anos mais tarde, comenta com Hannah os modos rudes de Martin no trato com Gertrud, ela defende o comportamento de Martin com veemência. De acordo com Hannah, tudo não deve passar de um mal-entendido: Martin jamais se recusaria a cumprimentar Gertrud por ela ser judia. Sua convicção sobre a disposição favorável de Martin em relação aos judeus é desconcertante, não apenas para Karl, que afinal não faz ideia de que Martin e Hannah mantêm uma relação amorosa há vários anos.

Na primavera de 1933, a situação de Hannah se torna mais desesperadora. Entretanto, diz ela numa entrevista, as reações das pessoas de seu entorno a deixam perplexa:

> O problema, o problema *pessoal*, não era o que nossos inimigos faziam, mas o que faziam nossos amigos. O que aconteceu na época, durante a onda de alinhamento político do *Gleichschaltung*, que era relativamente voluntário, ao menos ainda sem a pressão do terror, foi como se de repente um espaço vazio tivesse se formado a meu redor.

Entre os que se alinham ao partido nazista não há apenas simpatizantes, mas também amigos, apesar de, como diz Hannah, o processo através do qual as autoridades nazistas passam a controlar todos os aspectos da sociedade alemã seja inicialmente voluntário. A complacência diante do novo clima político talvez não dependa só de convicção, senão do medo de ser prejudicado, de querer garantir a própria posição ou possivelmente conseguir um emprego.

Hannah vive sozinha em Berlim depois de Günther ter sido forçado a fugir da Alemanha. Escrevendo colunas e ensaios, entre outros para os jornais *Frankfurter Zeitung* e *Kölnische Zeitung*, ela se sustenta por um fio. Com a ajuda de uma bolsa de estudos, tem a oportunidade de escrever um livro sobre Rahel Varnhagen, judia que foi a personagem central de um grupo de intelectuais na Berlim do século XVIII.

Se os anos em Heidelberg se caracterizaram por discussões animadas, disputas intelectuais e sutilezas filosóficas, os anos em Berlim são marcados por uma sensação de que a situação tinha ficado séria. O clima antes despreocupado foi substituído pela preocupação com o futuro.

Hannah faz parte de um círculo de intelectuais, vários deles politicamente ativos na esquerda ou com simpatias anarquistas. Muitos pensam em sair da Alemanha. Durante as noites, planos de fuga são engendrados enquanto garrafas de vinho se abrem e a pesada fumaça dos cigarros paira sobre as discussões mais ou menos viáveis de resistência. O medo se infiltra em cada lar e em cada bar que eles frequentam. A situação está tensa, e o regime olha com desaprovação não só as pessoas de origem judaica senão também os dissidentes políticos, marxistas e anarquistas. Por quanto tempo mais será seguro para Hannah e seus amigos permanecerem na Alemanha?

Hannah assiste a uma palestra na *Zionistische Vereinigung für Deutschland*, a Federação Sionista da Alemanha, e se impressiona profundamente. O presidente da federação, Kurt Blumenfeld, é pelo menos vinte anos mais velho do que Hannah, um homem sofisticado e seguro de si. Ele aprecia o intelecto e a independência de Hannah, e, em certa ocasião, a presenteia com uma caixa de charutos cubanos deliciosamente perfumados, que ela, com grande prazer e para a consternação dos outros, fuma em público. Embora Hannah não se considere sionista, adere ao movimento, e Kurt logo se torna um amigo íntimo.

Kurt seria importante para a compreensão de Hannah como judia e para seu despertar político. Seu engajamento nos anos 1930 era uma manifestação de solidariedade para com a herança judaica, sobre a qual ela até então não havia refletido muito. Em 1963, Hannah escreve sobre sua filiação política numa carta franca a seu amigo Gershom Scholem:

> Não pertenço aos "intelectuais que vieram da esquerda alemã". Você não teria como saber disso, porque não nos conhecíamos quando éramos jovens. É um fato do qual não me orgulho de forma alguma e que não gosto de destacar, especialmente desde a era McCarthy neste país. Só muito tarde percebi a importância de Karl Marx, porque não me interessei por história ou política quando era jovem. Se "vim" de alguma coisa, foi da tradição filosófica alemã.

Portanto, a resistência de Hannah tinha pouco a ver com ideologias políticas. Ela não resistiu como social-democrata ou comunista, e sim como judia. "Se você é atacado como judeu, deve se defender como judeu, não como alemão, não como cidadão do mundo, não em função dos direitos humanos ou seja lá o que for. Mas, de forma bastante concreta: que posso fazer como judia?", diz ela na entrevista com Gaus em 1964.

O ataque ao Reichstag, em Berlim, a 27 de fevereiro de 1933 é visto por muitos como a queda definitiva da democracia alemã.

Hitler explora o atentado ao máximo para impor suas políticas. Os acontecimentos subsequentes resultam na proibição de todos os partidos políticos, exceto o NSDAP. Para Hannah, o incêndio do Reichstag marca um limite a partir do qual se tornou necessário agir. Não era mais possível permanecer como espectador. Depois da posse de Hitler, a Alemanha adota uma série de medidas antijudaicas, concomitantemente com o lançamento do projeto da lei da integração obrigatória conhecida por *Gleichschaltungsgesetz*. A lei visa a reorganizar e unificar sob a ideologia nazista todos os aspectos da sociedade: a política, a economia, os sindicatos, a mídia, a cultura, o sistema educacional. O objetivo? Obter um controle totalitário sobre a Alemanha inteira e sobre cada cidadão do país.

Os valores nazistas são transmitidos por meio da apropriação estatal da mídia, da cultura e das escolas. Da mesma forma, associações civis e outros agrupamentos existentes são transformados em organizações especificamente nazistas.

Em *Origens do totalitarismo*, Hannah descreve a visão totalitária como o empenho para "organizar a infinita pluralidade e diferenciação dos seres humanos, como se toda a humanidade fosse um só indivíduo". Ela considera a propaganda parte indispensável da criação e da manutenção do estado totalitário: "Apenas a ralé e a elite podem ser atraídas pela força do totalitarismo em si; as massas precisam ser conquistadas por meio da propaganda", observa, muitos anos depois da guerra.

Em paralelo com o domínio do governo sobre o povo por meio de doutrinação e propaganda, são introduzidas, uma depois da outra, leis antijudaicas que limitam a participação da população judaica na sociedade alemã. Em 7 de abril de 1933, o chamado "artigo ariano" é adotado, permitindo que judeus fossem demitidos sem motivo e excluídos de diversas categorias profissionais. No mesmo ano, enquanto as árvores desabrocham nos parques de Berlim, o governo incita ao boicote de lojas e negócios administrados por judeus, também proibidos de lecionar em universidades alemãs e gradualmente excluídos do ensino superior.

Consequentemente, ao receber uma tarefa de Kurt Blumenfeld no final da primavera de 1933, Hannah não hesita em aceitá-la, embora esteja associada a certos riscos. A pedido da Federação Sionista da Alemanha, ela vai coletar e compilar propaganda antijudaica, como declarações de diversas associações, federações e clubes em publicações e documentos. O objetivo é chamar a atenção da imprensa e das organizações fora do país para a perseguição sofrida pelos judeus na sociedade alemã. Nenhum dos membros da federação sionista podia fazer o trabalho, pois, se algum deles fosse descoberto, a segurança do grupo inteiro estaria em risco. Portanto, Hannah foi escolhida. "A compilação desse material se enquadrava na 'propaganda de rancor', como se denominava na época", conta ela muitos anos depois.

A proposta de Blumenfeld chegou na hora certa na vida de Hannah, que se lançou à tarefa com grande empenho e entusiasmo. "Em primeiro lugar, isso me pareceu bastante sensato, e, em segundo lugar, senti que afinal era possível fazer alguma coisa", diz ela a Günter Gaus.

Antes de ser descoberta, Hannah consegue trabalhar durante algumas semanas, pesquisando arquivos, estudando jornais, panfletos e folhetos em sua busca de declarações antissemitas.

Entretanto, um dia, quando Hannah está na Alexanderplatz, a caminho de um almoço com sua mãe, a polícia a detém, revista seu apartamento e interroga Martha, que não pode dizer nada sobre o que Hannah passou os dias fazendo nos arquivos da biblioteca de Berlim. "Não tenho a menor ideia, mas o que quer que ela faça, está certa de fazê-lo e eu faria o mesmo", Martha lhes teria respondido.

Durante oito dias Hannah permanece detida. É interrogada por horas a fio sem que a polícia consiga obter alguma informação valiosa. A busca em seu apartamento tampouco lhes fornece alguma pista. Eles apreendem vários cadernos de anotações e textos datilografados, mas não encontram nada incriminador. Rapidamente a polícia constata que os manuscritos são trabalhos filosóficos. Um caderno com uma coleção de citações em grego lhes causa certa dor de cabeça — eles demoram vários dias para descobrir que são apenas citações em grego e não mensagens codificadas.

Hannah já havia entendido que seria obrigada a deixar a Alemanha, mas a detenção torna-se o estopim que a leva a agir. Poucos dias depois de ser libertada, ela consegue sair da Alemanha, acompanhada de sua mãe, pela chamada "fronteira verde", através da densa floresta contígua à região montanhosa de Erzgebirge.

Hannah e Martha tomam o trem até Karlsbad, hoje Karlovy Vary, e depois são convidadas para um jantar na casa de uma família sudeta. A residência está situada bem na fronteira com a então Tchecoslováquia. A porta da frente fica do lado alemão; a dos fundos, do lado tcheco. Hannah e sua mãe deixam a Alemanha pela porta dos fundos e entram na Tchecoslováquia na calada da noite. Para Hannah, aquele dia de outono de 1933 será o início de um período de dezoito anos como apátrida, dezoito anos sem direitos civis e sem um lugar para chamar de seu.

5. Como poderia acontecer?

Os desdobramentos políticos dos anos 1930 na Alemanha foram analisados e discutidos por historiadores, filósofos e sociólogos em inúmeros livros e artigos. Como seria possível que tantos — aparentemente um povo inteiro — aceitassem cegamente e mesmo aprovassem uma política cujo alvo era um grupo específico da população, uma legislação destinada a excluir pessoas que até recentemente haviam sido amigos, vizinhos, colegas de classe e de trabalho? Um fator condicionante do fenômeno que levou ao Holocausto foi a combinação da depressão econômica com a humilhação da Alemanha no tratado assinado ao final da Primeira Guerra. Depois da paz de Versalhes, a Alemanha tornou-se uma nação amargurada, farta de adversidade, uma nação que procurava alguém a quem culpar.

Hannah observa, em *Origens do totalitarismo*:

> É regra óbvia, embora frequentemente esquecida, que o sentimento antijudaico adquire relevância política somente quando pode ser combinado com uma questão política importante, ou quando os

interesses grupais dos judeus entram em conflito aberto com os de uma classe dirigente.

Inúmeras vezes na história da humanidade, o papel de bode expiatório foi imposto ao povo judeu. O antissemitismo não nasceu na Alemanha na década de 1930 — existia muito antes. Foi só uma questão de explorar a desconfiança e os preconceitos, de incitar um clima antijudaico com a ajuda da propaganda.

O processo que leva grupos e indivíduos a serem vistos como pessoas de valor inferior e menos direitos não ocorre da noite para o dia, mas, uma vez que toma impulso, pode ser rápido.

No livro *Humanity: A Moral History of the Twentieth Century* [Humanidade: uma história moral do século xx], o filósofo Jonathan Glover procura uma resposta à pergunta de por que tantas atrocidades ocorreram no século xx. Ele acredita que a maldade e a crueldade prosperam em ideologias com o poder de criar inimigos, privar o outro de sua humanidade e reduzi-lo a um objeto. De acordo com Glover, a objetificação faz parte da estratégia do malfeitor: desdenhar, ridicularizar e humilhar a vítima torna mais fácil a prática de atos maldosos. Como parte do aviltamento, a função dos atos humilhantes é desumanizar a vítima, mas também permitir que o malfeitor seja capaz de sujeitá-la a atrocidades.

Philip Zimbardo, psicólogo social, descreve a evolução do indivíduo em direção à crueldade na obra *O efeito Lúcifer: como pessoas boas se tornam más*. A desumanização é precedida por uma desindividuação, a qual se atinge privando a vítima de marcadores de identidade em forma de roupas e outros objetos de uso pessoal. A desindividuação não diz apenas respeito à vítima — privar o agressor de identidade individual é uma clara estratégia de guerra. Os soldados também são destituídos de seus pertences e vestidos com roupas idênticas, uniformes, submetidos a cortes de cabelo iguais e tratados pelo sobrenome. Deixam de ser indivíduos e se tornam parte de um coletivo incumbido da tarefa de matar. Tirar do indivíduo sua sensação de ser uma pessoa única é, portanto, parte importante da preparação para participar da guerra.

Logo, os preparativos descritos por Zimbardo são necessários para transformar "pessoas comuns" em malfeitores. Segundo Glover, isso se deve ao fato de que há um forte tabu contra matar ou atormentar os demais. Uma maneira de contornar o tabu é deixar de considerar o outro como pessoa. O inimigo é apenas inimigo — ou judeu — não mais uma pessoa, portanto não possui mais valor ou direitos. Deixar de ser um "eu", um indivíduo, a fim de se incorporar a um "nós", tornando-se parte de um coletivo, é uma condição igualmente necessária. A incorporação ao coletivo cria a sensação, a ilusão, de ser isento de responsabilidade.

Central para o argumento de Glover é o conceito de *identidade moral*. Ele acredita que a maioria — todos? — tem uma identidade moral que nos impede de cometer práticas atrozes, por exemplo, participar de genocídios. Essa identidade moral pode se tornar oca e ser substituída por outro tipo de identidade moral que possibilita esses atos, algo de que a "identidade moral nazista" é um exemplo claro.

Jonathan Glover faz referência à discussão apresentada por Hannah em *Origens do totalitarismo* e *Eichmann em Jerusalém: um relato sobre a banalidade do mal*. Seu raciocínio, assim como a análise arendtiana do mal e das origens do mal, gira em torno de conceitos como a indiferença e a ausência de autorreflexão em vez de fenômenos como crueldade, sadismo e malevolência.

O grande problema não são as poucas pessoas que escolhem fazer o mal; o grande problema são todas as pessoas que *não* escolhem, que *não* se posicionam sobre ser más ou boas, sobre contribuir para o mal ou para o bem. Foi a indiferença da grande massa, sua abdicação de responsabilidade, que possibilitou o Holocausto, não a crueldade de um pequeno número de pessoas más.

6. Uma versão específica do mal

O antissemitismo que varreu a Europa certamente se manifestou também nas ruas de Paris, onde Hannah enfim desembarca, após a fuga da Alemanha, aos 26 anos de idade. Enquanto Martha segue para a Suíça, o objetivo de Hannah é se reunir com os sionistas que vivem em exílio na capital da França e com quem manteve contato por meio do trabalho em Berlim. Com o tempo, Paris também se tornará um lugar impossível para uma judia, mas até 1940 é sua casa. Serão anos significativos para Hannah. Se ela recebeu sua formação filosófica na Alemanha, é na França que tem sua educação política.

No outono de 1933, Hannah é uma das centenas de pessoas que fogem do regime nazista. Boa parte dos refugiados é de judeus, outros procuram refúgio por motivos políticos.

Em sua busca desesperada por abrigo e sustento, eles logo são acompanhados por judeus do Leste Europeu que fogem de uma perseguição acelerada. Muitos dos refugiados não possuem documentos que provam quem são ou quais são suas habilidades, sem os quais é difícil conseguir emprego, o que por sua vez dificulta o acesso a uma moradia.

Quando Hannah chega, a situação está tensa. Nem todos os parisienses recebem os refugiados de braços abertos, pelo contrário. O desemprego reina na França, e a concorrência dos imigrantes judeus não é bem-vinda. Mais de meio milhão de franceses estão sem trabalho e há falta de moradia, sobretudo em Paris.

Franceses furiosos protestam e entoam palavras de ordem como "*La France aux français*", e os jornais vão na onda. Manchetes como "*A bas les métèques*" [Abaixo os estrangeiros] flertam abertamente com o antissemitismo, e os antagonismos crescem até dentro da diáspora judaica.

No ensaio "Nós, os refugiados", Hannah descreve como os judeus franceses olhavam com suspeita os judeus alemães — as cicatrizes da Primeira Guerra Mundial ainda não haviam desaparecido — e como os judeus do Leste Europeu achavam que os judeus alemães não eram judeus o suficiente.

A própria Hannah pertencia ao grupo de judeus assimilados. Ela era tão assimilada que mal havia refletido sobre sua herança judaica até outras pessoas chamarem sua atenção para o fato de que era judia. Ela se tornou o Outro, um papel que coube ao povo judeu desempenhar inúmeras vezes ao longo da história. Os judeus foram construídos como "outros" para que os restantes se designassem como "nós".

Os pais de Hannah eram judeus secularizados que não atribuíam grande importância à sua herança judaica, mas estavam cientes do antissemitismo logo abaixo da superfície que existia muito tempo antes de Hitler tomar o poder na Alemanha. A mãe de Hannah a exortou firmemente a relatar cada insulto que lhe fosse dirigido na escola. Ela aprendeu a não aceitar ser humilhada por causa de suas raízes. Hannah estava consciente de sua origem judaica enquanto crescia, como secamente constata na entrevista com Gaus; não se parecia com suas altas e loiras colegas de sala. Era diferente. Apesar disso, a identidade judaica não era sua identidade primária. Foram outras pessoas que insistiram em vê-la como judia, como o Outro.

As raízes do antissemitismo na história das ideias são profundas. Já na Antiguidade tardia, preconceitos e mitos sobre os judeus grassavam. Por exemplo, o de que matavam não judeus para obter seu sangue. O cristianismo desenvolveu o tema antissemita ao acusar o povo judeu de assassinar Jesus e assim cometer deicídio. O fato incontestável de que tanto Jesus como seus discípulos eram judeus não impediu a tradição cristã de cultivar concepções antissemitas e ódio contra os judeus. Martinho Lutero, figura central da tradição protestante, tinha, para usar um eufemismo, opiniões questionáveis sobre os judeus. No tratado *Sobre os judeus e suas mentiras*, Lutero os descreve como opressores avarentos. Ele os acusa de roubar crianças cristãs e defende a ideia de que todos os judeus devem ser expulsos da Alemanha.

Está claro que as concepções cristãs, sobretudo as de Lutero, constituem um fundo importante para a ideologia nazista, que custou a vida a milhões de homens, mulheres e crianças que professavam a fé judaica. Quando o ódio cristão aos judeus foi cruzado com os conceitos do darwinismo social sobre as raças e seu valor, as consequências foram calamitosas.

Em *Origens do totalitarismo*, Hannah Arendt entende que o antissemitismo e o ódio religioso aos judeus não são a mesma coisa. Ela até questiona se o antissemitismo provém do ódio religioso (cristão) aos judeus e opta por distinguir os dois. Embora os sentimentos antijudaicos fossem correntes entre as classes letradas da Europa no século XIX, o antissemitismo como ideologia constituía "com muito poucas exceções, área de atuação dos malucos em geral e dos extremistas lunáticos em especial", observa Hannah.

Qual seria a diferença então? Dito de forma simples, o antissemitismo é baseado em ideias racistas sobre uma essencial "maneira judaica de ser" que se define como ruim ou inferior. O antissemitismo abriga teorias macabras sobre conspirações judaicas e vê o povo judeu como culpado por uma série de coisas. Paradoxalmente, o antissemitismo considera os judeus inferiores e ao mesmo tempo extremamente perigosos. Por extensão, o antissemitismo visa a combater, e até a erradicar, o povo judeu. Uma das teses que Hannah defende em *Origens do totalitarismo* é que a Alemanha travou duas guerras: uma contra os aliados e outra contra os judeus.

Os sentimentos antijudaicos eram mais convencionais, sobretudo nas classes média e alta letradas, do que os puramente antissemitas. Também em *Origens do totalitarismo*, Hannah observa que os judeus se encontravam fora do sistema de classes. Não era possível categorizá-los, o que criou espaço para a suspeita:

> Os judeus não formavam uma classe própria nem pertenciam a nenhuma das classes nos países em que viviam. Como grupo, não eram nem trabalhadores, nem burgueses, nem latifundiários, nem camponeses. Sua riqueza parecia fazer deles parte da classe média, mas não participavam do desenvolvimento capitalista; dificilmente eram representados nas empresas industriais e se, na última fase de sua história europeia, chegaram a ser proprietários de grandes empresas, empregavam colarinhos-brancos e não operários. Em outras palavras, embora seu status fosse definido por eles serem judeus, não foi definido por sua relação com outra classe.

Não era possível categorizar os judeus, o que criou desordem nas hierarquias. Hannah acredita que no decorrer da história foram atribuídos diferentes papéis aos judeus: pária e arrivista, marginalizado e novo-rico. O pária, sem recursos financeiros e sem laços familiares respeitáveis, está alheio a todos os contextos sociais, marginalizado e excluído. E o judeu bem-sucedido, que fez fortuna por conta própria, é rechaçado como arrivista, um novo-rico pretensioso. O dinheiro não lhe dá o que o sociólogo Pierre Bourdieu chama de "capital social", um tipo de capital simbólico que define pessoas e grupos.

Bourdieu descreve esse capital em *A distinção*. O capital simbólico se caracteriza por incluir capital financeiro, social e cultural. Os judeus que conseguiram juntar riquezas possuíam capital financeiro, mas nunca conquistaram capital social. O capital social é constituído por laços familiares, redes de contato e amigos de infância. É uma liga entre as pessoas — e que não está disponível para o judeu novo-rico.

Em *Origens do totalitarismo*, Hannah argumenta que os judeus pagaram um preço alto para ser aceitos: "Durante os 150 anos em que os judeus realmente viveram entre os povos da Europa Ocidental e não apenas à sua margem, sempre tiveram de pagar a glória social com o sofrimento político e o sucesso político com o insulto social". De acordo com ela, o judeu que quisesse fazer parte de um ambiente não judaico teria a tarefa ingrata de ser judeu, mas não *igual* aos judeus. Só assim, ao distanciar-se de sua condição de judeu, "as portas da sociedade lhe eram abertas". O preço da aceitação foi a assimilação — e as consequências da assimilação foram, como veremos, fatais.

7. Uma lealdade para a vida toda

Na altura em que Hannah chegou a Paris, "*les années folles*" [os loucos anos 1920] já tinham terminado. A década de 1920 fora um período criativo na história de Paris. A cidade estava cheia de vida: teatros, salas de concertos e casas noturnas quase transbordavam de homens e mulheres festeiros. Palcos lendários como La Cigale, Olympia e Moulin Rouge floresciam. A cultura popular, na forma de cabarés, canções lânguidas e corpos de baile seminus, medrava lado a lado com a cultura mais elitista, tornando a cidade um ímã para artistas, escritores e intelectuais que gostavam de frequentar os cafés, fumar, beber e debater por horas a fio.

Em 1931, porém, a crise econômica, uma consequência da quebra de Wall Street dois anos antes, também havia atingido Paris. O brilho, a música e a dança diminuíram, a situação financeira das pessoas piorou, e as parisienses davam à luz menos filhos. Em contrapartida, chegou uma onda de imigrantes de Rússia, Polônia, Alemanha, Itália, Portugal, Espanha, Europa Oriental e Central. As tensões políticas aumentavam, não só em Paris, mas em todo o país. A essa altura, greves, manifestações e embates entre diversos grupos políticos também passaram a fazer parte do dia a dia francês.

Ao deixar a Alemanha, Hannah estava farta de pessoas que falavam muito, mas não faziam nada: "Saí da Alemanha dominada pela ideia — claro que um pouco exagerada: Nunca mais! Nunca mais vou me envolver nessa história de intelectual. Não quero nada com aquela gente", confessa bem mais tarde, na entrevista com Gaus.

Hannah tem sorte e consegue uma posição como secretária na agência de agricultura e artesanato, além de fazer trabalho voluntário na Aliyah da Juventude, uma organização judaica que prepara crianças e jovens alemães para emigrar para a Palestina. Ali faz tarefas práticas como cozinhar e cuidar da alimentação infantil. Muitas das crianças e jovens que a Aliyah da Juventude atende são magros e fracos, e a organização lhes fornece comida, roupa e alguma formação profissionalizante a fim de equipá-los para uma nova vida num kibutz. Em grandes acampamentos na zona rural, eles aprendem a cultivar vegetais e a lavrar a terra.

A Aliyah da Juventude foi fundada em Berlim por Recha Freier em 30 de janeiro de 1933, no mesmo dia em que Hitler tomou o poder. O objetivo da organização era salvar crianças e jovens judeus do nazismo, enviando-os para os kibutzim e campos juvenis no atual Israel.

Antes da eclosão da guerra, a Aliyah da Juventude conseguiria levar cerca de 5 mil adolescentes para a Palestina. Durante o conflito, alguns milhares saíram da Alemanha clandestinamente, e, depois da guerra, mais 15 mil crianças e adolescentes, a maioria sobreviventes dos campos de extermínio, foram levados para a Palestina.

Além de seu trabalho na Aliyah da Juventude, onde também ajuda grupos antifascistas de diversas maneiras, Hannah leva uma vida socialmente ativa até a guerra irromper na França. Ela faz parte de um amplo círculo constituído por alemães no exílio, entre os quais há tanto judeus como não judeus, artistas e escritores, ativistas e intelectuais. Vários deles se tornam amigos de Hannah para o resto da vida, e alguns — que morrem muito precocemente — deixam uma marca indelével. Seu círculo de amigos mais íntimos inclui o literato Walter Benjamin, o socialista Erich Cohn-Bendit, o psicanalista Fritz Fränkel, o pintor Karl Heidenreich e, claro, Heinrich Blücher, o homem que se tornaria o companheiro de vida de Hannah.

Na primavera de 1936, quando ela, numa palestra pública em Paris, conhece Heinrich Blücher, um homem de ombros largos, bom humor e olhos gentis, o glamour e a decadência da cidade já haviam dado lugar aos resultados da Depressão. No entanto, a vida intelectual continua a florescer, as discussões exaltadas nos cafés são igualmente intensas, impulsionadas pela onda de imigrantes que fugiram de repressão e perseguição política. Entre as estrelas fixas do firmamento intelectual constam Walter Benjamin, Alexandre Kojève, Jean-Paul Sartre e Simone de Beauvoir.

Três anos se passaram desde que Hannah escapou da Alemanha, e ela já completara 29 anos. No papel, ainda está casada com Günther Stern, mas o relacionamento terminou há tempos. Hannah vive sozinha e, na verdade, não está nem um pouco pronta para encontrar o amor de novo, pois sua experiência com relacionamentos a tem deixado desconfiada.

Heinrich Blücher é indubitavelmente um homem de ação, e seu vigor e engajamento político concreto são parte do que atrai Hannah — algo diferente dos homens que conhecera. Até então, seus amores tinham sido acadêmicos, homens magros com mãos delicadas e temperamento reflexivo: o ensaísta Erwin Loewenson, o filósofo Benno von Wiese, o promissor filósofo Günther Stern. E, é claro, Martin Heidegger, seu professor e *Doktorvater*, ou seja, orientador de tese.

O amor havia deixado suas marcas em Hannah. Após o relacionamento com Martin Heidegger e o defunto casamento com Günther Stern, ela é cautelosa. Como diz sua amiga Anne Mendelsohn Weil, Hannah prometeu a si mesma nunca mais amar um homem. O amor, ou talvez antes, a paixão cega, a assusta.

Heinrich ri com facilidade e faz Hannah rir também — algo que ela não teve em demasia, nem durante os anos de faculdade como amante de Martin nem no breve casamento com Günther.

Nascido e criado em Berlim, Heinrich vem da classe operária alemã e é um autodidata com grande sede de conhecimento, mas sem interesse pela formação formal. Se tem dinheiro, compra livros, e sempre que pode troca o trabalho pela leitura. Na altura do encontro de ambos, Hannah está fortemente envolvida com o movimento sionista. Curiosamente, Heinrich tem seus próprios antecedentes no sionismo. Na juventude, foi membro de um grupo juvenil sionista, apesar de não ser judeu.

Quando eles se conhecem, o alegre e sociável Heinrich também é casado. Assim como Hannah, é refugiado; no entanto, isso se deve a seu ativismo político na Liga Espartaquista, um grupo revolucionário marxista e socialista fundado por, entre outros, Rosa Luxemburgo (sobre quem Hannah mais tarde escreveria), que atuou na Alemanha entre 1916 e 1919. Depois de 1919, a Liga se juntou a outros grupos revolucionários, formando o Partido Comunista da Alemanha.

A veia ativista e o engajamento político de Heinrich foram despertados desde cedo e com força. O sionismo, porém, ele deixou mais ou menos de imediato a favor do marxismo, dedicando a adolescência à leitura de Marx, Engels e Trótski, além de assistir a aulas de história militar.

Enquanto Hannah estudava Kierkegaard e Kant na Universidade de Königsberg, Heinrich lutava com os espartaquistas na revolta de 1919, nas ruas de Berlim. Na década de 1920, auge da decadência berlinense, Heinrich chegou a trabalhar como escritor político, além de criar operetas, musicais e filmes em colaboração com o escritor e compositor Robert Gilbert.

Também para Heinrich, a fuga de Berlim havia ocorrido às pressas. Ele não levara nada e não possuía documentos de identidade. De vez em quando, sua amiga Lotte Sempell lhe dava ajuda financeira e abrigo. Filha de um rico magnata industrial da Vestfália, Lotte considerava seu apoio a Heinrich e a outros refugiados políticos da Alemanha como sua maneira de protestar contra Hitler. Em troca, ela recebeu uma sólida educação política por meio de conversas e discussões com Heinrich e seus amigos.

Algumas poucas semanas depois do primeiro encontro, Hannah convida Heinrich para jantar na casa dela, e ele aparece vestido de terno, chapéu e bengala, personificando seu alter ego burguês, Heinrich Larsen, um turista da burguesia alemã — uma espécie de representação de seu próprio inimigo de classe, pode-se imaginar. Hannah lhe dá o título de "Monsieur", um apelido que ele continua a usar a vida toda.

Chanan Klenbort, escritor judeu que fugiu da Polônia, é convidado para segurar a vela. É uma linda noite de junho, e a conversa entre Hannah e Heinrich nunca termina. Chanan, que faz diversas tentativas de levantar acampamento, se convence a ficar mais tempo. Somente às duas horas da madrugada o jantar acaba. Pelo visto, foi um grande sucesso.

Um mês depois, em julho de 1936, irrompe a guerra civil espanhola entre os republicanos (a esquerda e o centro conservador) e os nacionalistas (a direita e os militares) liderados por Franco. O regime nazista, por sua vez, se esforça para causar boa impressão durante os meses do verão europeu. Berlim se enche de visitantes alegres para os Jogos Olímpicos sediados na capital — dos quais atletas de origem judaica e cigana são excluídos.

Chanan Klenbort viaja à Espanha a fim de cobrir a guerra civil para um jornal polonês. Quando retorna a Paris, Hannah de novo o convida para jantar em sua casa, e dessa vez é Heinrich quem abre a porta do pequeno apartamento. Durante o verão, ele simplesmente se mudou para lá.

O amor entre Hannah e Heinrich foi espontâneo e evidente desde o início. Tratava-se de um relacionamento entre iguais, entre dois adultos que se escolheram. Ela não era sua musa, como tinha sido para seus amantes anteriores. Os dois se completavam. Havia um respeito mútuo entre eles, pelos conhecimentos e as experiências de cada um. A confiança que logo existiu entre o casal, Hannah não havia sentido antes em relação a ninguém, nem a Martin, o homem que por muitos anos foi objeto de sua adoração, nem a Günther, o homem com quem se casou.

Em 18 de setembro de 1937, Hannah escreve para Heinrich, de Genebra:

> E quando te conheci não tive mais medo — depois daquele primeiro susto, que na verdade era um susto infantil se fingindo de adulto. Ainda me parece inacreditável que consegui as duas coisas, o "grande amor" e minha própria identidade. E, no entanto, só tenho um desde que tenho o outro. Mas agora finalmente sei o que é a felicidade.

Heinrich responde numa carta enviada de Paris em 19 de setembro de 1937:

> E então chega uma carta sua que me deixa louco de felicidade. Eu te mostrei o que é a felicidade? Eu te faço feliz assim como você me faz feliz? Afinal, você é minha felicidade, por acaso te mostrei a ti mesma? Você se tornou quem é? Eu também. Então, minha querida, te transformei de menina em mulher? Que maravilha — mas

como fiz isso se somente através de você me tornei um homem de verdade?

No amor a Heinrich, Hannah estava segura. O amor a tornou feliz, livre e cheia de autoconfiança. Eles despertaram o melhor em cada um. E não é exatamente assim que deve ser o amor? O amor não se resume à montanha-russa constante, ao turbilhão de emoções e ao desespero descritos em *Os sofrimentos do jovem Werther*, de Goethe, e *A montanha mágica*, de Thomas Mann.

Isso não significa que o amor seja morno ou sem vigor. Pelo contrário. É esse amor seguro, confiável, estável e forte que pode romper barreiras, mudar as pessoas e sua existência. Em *A condição humana*, Hannah descreve o amor como "extramundano em sua essência" e "cataclísmico". "O amor, em razão de sua paixão, destrói a mediação que nos relaciona e nos separa dos outros." No amor, a distância entre os dois amantes desaparece, diz Hannah.

Com Heinrich, ela desenvolve uma visão própria, quase uma filosofia, em torno do amor e da fidelidade, longe da visão romântica e convencional que tivera antes. Para Hannah, essa evolução não foi indolor nem descomplicada. Heinrich era mais velho, com mais experiência na bagagem e com uma ideia do amor caracterizada pelas correntes anarquistas relacionais da época. Ele deu a Hannah segurança e liberdade, mas exigiu a mesma coisa dela. A ideia romântica de Hannah, de ser tudo um para o outro — emprestada da poesia e dos romances —, ganhou alguns espinhos no decorrer de seu longo casamento, mas a independência que deram um ao outro também fez crescer a confiança e a amizade entre eles.

8. *La Drôle de Guerre*

No outono de 1936, apenas algumas semanas depois de Hannah conhecer Heinrich, ela viaja a Genebra para participar da fundação do Congresso Mundial Judaico. Recém-apaixonada, escreve para Heinrich todos os dias, e ele responde pelo primeiro correio. Além de declarações de amor, as cartas estão cheias de preocupações com a situação na Europa. Um tema recorrente é a frustração de Hannah com o fato de que a intensificação das perseguições aos judeus não é levada suficientemente a sério, nem pelos próprios judeus. Em 8 de agosto, ela escreve a Heinrich:

> Na coletiva de imprensa ontem, assim como em alguns comunicados de imprensa, fala-se de todo tipo de medidas opressivas, tanto políticas como econômicas e legais. Mas nenhuma palavra sobre os pogroms que sofremos na Polônia! Quem falará, se nós não o fizermos? Mas, em compensação, o representante do governo polonês estará presente na Liga das Nações esta noite! Os judeus poloneses vão calar nossas bocas, assim como os judeus alemães fizeram três anos atrás. E no fim o diabo vai nos levar a todos!

O desalento de Hannah é palpável. Ela não consegue entender por que seus amigos da Organização Mundial Sionista parecem querer minimizar o que anda acontecendo, como se estivessem envergonhados ou possivelmente temessem que as perseguições piorassem caso protestassem.

Não é a primeira nem a última vez que Hannah está à beira do desespero porque as pessoas próximas não parecem entender o que está em curso. Desde cedo, ela mesma se dera conta do perigo inerente ao processo iniciado na Alemanha, com restrições à liberdade dos judeus, discriminação, exclusão e perseguição. Quando optou por deixar a Alemanha, muitos ainda viviam na convicção enganosa de que as coisas se resolveriam automaticamente, de que iriam melhorar. Como já sabemos, não melhoraram. Pioraram, e muito.

Em 1937, havia quase 15 mil refugiados alemães em Paris, e quando Hitler anexou a Áustria, em 13 de março de 1938, veio uma nova onda de refugiados judeus. Martha, a mãe de Hannah, estava entre os que desembarcaram na França a essa altura, depois de ter vivido na casa de uma amiga na Suíça desde a fuga com Hannah. Em 1939, chegou a hora de sua reunião com a filha em Paris.

No início do verão, Hannah e Heinrich se mudam para um apartamento maior, na rue de la Convention, para poderem acomodar Martha. Quatro meses depois da chegada de Martha a Paris, irrompe a guerra.

"Às vezes era um pouco difícil, éramos muito pobres e fomos perseguidos, tínhamos de fugir, tínhamos de nos virar de algum jeito", disse Hannah mais tarde sobre os anos em Paris. "Mas éramos jovens, até me diverti um pouco, não posso negar." Hannah e Heinrich fazem parte de um círculo de intelectuais que se encontram em bares, em cafés e nas casas uns dos outros. Com frequência, reúnem-se no apartamento de Walter Benjamin, na rue Dombasle. Assim como Heinrich, Walter — ou Benji, como era chamado — nasceu e cresceu em Berlim. Crítico de arte e literatura, ele formulou uma filosofia eclética e voluntariosa consistindo em elementos do marxismo e do misticismo judaico. Em 1933, seus livros foram queimados em fogueiras pelos nazistas, mas àquela altura ele já havia conseguido escapar da Alemanha.

Walter era primo de Günther Stern, o primeiro marido de Hannah. Fugiram da Alemanha ao mesmo tempo, em 1932. Assim como Hannah, Walter se interessava pelo sionismo. Seu amigo mais próximo era o místico Gershom Scholem, que também se tornaria um bom amigo de Hannah. A viagem de Walter no exílio havia se iniciado em Ibiza e continuou em Nice, antes de ele ir para a Dinamarca, onde se hospedou por um período na casa do escritor Bertolt Brecht. No fim, fixou residência em Paris, onde passou a frequentar o mesmo círculo de intelectuais que Hannah e Heinrich.

Os três se tornariam amigos muito próximos, e Hannah assumiu um papel quase maternal em relação a Benji. Ele parece ter sido o tipo de homem que desperta sentimentos maternais — doentio desde criança, levemente confuso, desajeitado e desamparado. Além do mais, era lindo, com uma boca sensual e olhos atormentados.

Em 3 de setembro de 1939, quando chega a notícia da eclosão da guerra, Hannah está passando férias com Heinrich e Walter. Alugaram uma casa num pequeno vilarejo nos arredores de Paris para ler, escrever e conversar, e atravessam longos dias fumando, tomando café, trabalhando e discutindo, enfim, aproveitando o fim do verão e a calma. Heinrich se dedica à leitura de Kant, Walter finaliza um longo ensaio sobre Baudelaire, e Hannah trabalha num texto sobre as raízes do antissemitismo. À noite, envolvidos num escuro aveludado, bebem vinho, discutem questões políticas e refletem juntos sobre o futuro.

A notícia que lhes chega pelas manchetes dos jornais naquela manhã inicia o período conhecido por *die Sitzkrieg*, *la Drôle de*

Guerre, the Phoney War, ou, em português, "a Guerra de Mentira": França e Grã-Bretanha apresentam um ultimato conjunto à Alemanha, exigindo que retire suas tropas da Polônia. A Alemanha resiste e, às onze horas do mesmo dia, França e Grã-Bretanha declaram guerra à Alemanha. Durante esse período estranho, os países estão formalmente em guerra, mas nenhum deles realiza alguma operação militar de importância. As superpotências ficam simplesmente paradas, vigiando umas às outras. Menos de um ano depois, com a invasão alemã da França durante a primavera, tudo teria um fim abrupto.

A declaração de guerra desfaz a calma relativa que os três amigos criaram na casa alugada no campo. Agora, a guerra, a violência e o caos batem à porta, e o retumbar do mundo lá fora chega enfim ao vilarejo pacato para onde Hannah e seus amigos se retiraram. Como reage uma pessoa que é forçada a enfrentar o mal? Ela pode fugir, resistir, ficar aterrorizada, entrar em pânico, lutar ou desistir.

Hannah e Heinrich encaram a eclosão da guerra com serenidade, mas Walter se apavora. Ele teme que Paris seja bombardeada e encerra as férias, pondo-se a caminho do norte, com destino a Meaux, um lugarejo a alguma distância da capital. Essa acaba sendo uma péssima decisão, pois lá há uma base militar que está na mira dos alemães. Nenhuma bomba cai sobre Paris, mas Meaux sofre ataques aéreos. Walter volta correndo para a capital que, por enquanto, é poupada das bombas.

Em *Homens em tempos sombrios*, Hannah relata ternamente o episódio, descrevendo-o como típico de Benji: em sua tentativa de escapar às bombas, ele consegue fugir para o único lugar na França que de fato foi bombardeado no outono de 1939. Hannah retrata Walter como uma pessoa cuja vida e — como ficaria evidente — cuja morte foram caracterizadas por azar, por uma infeliz capacidade de estar no lugar errado na hora errada.

Num ensaio, Walter Benjamin cita a descrição de Marcel Proust feita por Jacques Rivière: "Proust morreu por inexperiência, a mesma que lhe permitiu escrever sua obra. Ele morreu porque era alheio ao mundo [...] Morreu porque não sabia como acender um fósforo, como abrir uma janela". Hannah repete a citação, concluindo que, ao descrever Proust, Walter na verdade descreveu a si mesmo. Assim como Proust, ele era completamente incapaz de mudar as circunstâncias de sua vida, incluindo o momento em que as circunstâncias estavam prestes a destruí-lo.

Em Paris, depois de apenas poucos dias no novo, mas um tanto apertado, apartamento da rue de la Convention, Hannah e Heinrich logo são atingidos pelas repercussões da guerra. Assim como todos os outros homens estrangeiros com um "passado político suspeito", Heinrich é mandado para internação num campo de trabalho forçado. Com sua debilitada saúde física e a ajuda do diplomata e poeta St. John Perse, Walter consegue evitar a internação.

Heinrich é internado com os amigos Peter Huber e Erich Cohn-Bendit em Villemalard. Os homens passam os dias trabalhando ao ar livre, expostos a chuva e frio, e as noites, sobre colchões de palha mofada num celeiro com correntes de ar. É uma coleção heterogênea de homens que são forçados a coexistir sob condições pouco agradáveis — alguns, como Heinrich e Peter Huber, são comunistas, outros são judeus ortodoxos, e um senhor é ex-oficial do Wehrmacht alemão.

Durante os meses nos quais Heinrich permanece internado, há uma assídua troca de cartas entre ele em Villemalard e Hannah em Paris. Os internos têm permissão de escrever cartas aos sábados e podem também receber pacotes postais: numa das primeiras cartas de Heinrich a Hannah, ele pede que ela lhe envie "vinho tinto, cigarros e chocolate". À medida que o tempo piora, ele sente menos falta de vinho e chocolate, pedindo-lhe que embrulhe "minhas botas de esqui, meu casaco de inverno, uma calça (cotelê, bege ou marrom), minhas ceroulas", bem como "uma faca de cozinha inoxidável, marmita, meu pequeno cachimbo e a tabaqueira".

Onze dias depois do envio de sua lista a Hannah, Heinrich recebe um grande pacote e responde: "Está vendo, a comunicação funciona perfeitamente agora!". O tom da última carta enviada de Villemalard, datada de 28 de novembro de 1939, é menos jocoso. Há oito dias acamado, Heinrich sofre com pedras nos rins e escreve para Hannah do leito de doente, manifestando uma forte preocupação com a situação política na Europa. "É o tempo mais perigoso da história da civilização humana", diz, e prossegue: "Como Napoleão previu em Santa Helena, a Europa agora está diante da escolha sobre se quer ser governada por cossacos ou por republicanos". A Rússia ou os Estados Unidos, eis a questão. Quem tomaria o poder? A quem a Europa se sujeitaria?

Na altura em que Napoleão fez sua pergunta, a Europa consistia numa miríade de pequenos Estados e reinos caracterizados por sofisticação e uma cultura bem desenvolvida, mas careciam de tamanho. Por isso, de acordo com Napoleão, tornavam-se vulneráveis: eram muito poucos para resistir aos brutos e desgrenhados cossacos e aos incultos e vulgares americanos, pois estes eram numerosos. O que faltava à Rússia e aos Estados Unidos em finura, eles compensavam com a força bruta. Os "filhos de Hércules", como Napoleão chamava a Rússia e os Estados Unidos, se vingariam da Europa — e, segundo sua previsão, um dos filhos rejeitados de Hércules subjugaria o continente.

A pergunta, ou antes o receio, de Napoleão, assim como de Heinrich, hoje parece profética: comunismo ou capitalismo? A pergunta pressagia a guerra fria que acabou durando décadas. Mas primeiro vieram os nazistas. Heinrich deve tê-lo pressentido em seu leito de doente; afinal, a Alemanha e a França já estavam em guerra, mas é improvável que ele pudesse imaginar a dimensão do que estava por vir.

Magro e sofrendo de cálculos renais, Heinrich finalmente pôde deixar o duro trabalho braçal e o celeiro mal vedado de Villemalard. Apenas poucos dias após seu regresso a Paris, ele e Hannah se casam.

É uma cerimônia simples no cartório, mas, como ficaria evidente, um acontecimento decisivo para o futuro do casal. Os vistos de emergência que os Estados Unidos estavam oferecendo só eram concedidos a mulheres solteiras e a casais com certidão de casamento — e em meio ao caos que logo irromperia, assim que a Guerra de Mentira acabasse e as bombas começassem a cair sobre o norte da França, celebrar casamentos não seria a prioridade das autoridades francesas.

Depois, durante alguns meses, o casal vive quase como de costume. Eles comemoram o aniversário de 41 anos de Heinrich, leem, escrevem, trabalham. Fazem aulas de inglês juntamente com Walter. Hannah acha que devem se programar para uma vida nos Estados Unidos. Por natureza e hábito, ela se prepara para o pior, para que sejam forçados a fugir da Europa a fim de salvar suas vidas.

Heinrich e Walter consideram o inglês uma língua horrível. "Só quero aprender o suficiente para dizer que absolutamente não gosto do idioma", Benji costuma dizer. E de seu jeito tipicamente macabro: "Prefiro uma vida mais curta na França a uma mais longa nos Estados Unidos". Nem Heinrich nem Walter levam a sério aquilo tudo. Ainda lhes é estranha a ideia de ter de sair da França e fugir mais uma vez, da Europa para os Estados Unidos, mas uma nova ordem de internação de todos os cidadãos alemães na França, tanto homens como mulheres, mudaria isso.

9. Camp Gurs

No dia 5 de maio de 1940, a ordem de internação é publicada em todos os jornais franceses. A breve notificação do governador--geral que Hannah e Heinrich leem em *Le Temps* intima "todos os homens e todas as mulheres sem filhos, entre dezessete e 55 anos de idade", com cidadania alemã, bem como os originários de Saar ou Danzig (hoje Gdansk), a se apresentarem para "subsequente transporte" a campos de internação, já que são considerados "inimigos estrangeiros". O status de refugiado é algo que Hannah compartilha com seu marido, pois Heinrich pode não ser judeu, mas é dissidente e comunista.

O aviso no jornal é breve, porém inequívoco: os homens devem se dirigir ao Stade Buffalo, um campo desportivo nos arredores de Paris, em 14 de maio, e as mulheres, ao Vélodrome d'Hiver, em 15 de maio. Hannah tem dez dias para se preparar, nove dias com o homem que ama. Ao sair de seu apartamento em Paris, no dia 14 de maio, Heinrich não sabe para onde será mandado. O casal não pode ter certeza se alguma vez voltará a se ver.

De acordo com a ordem de internação, cada "inimigo estrangeiro" pode levar comida para dois dias, uma caneca, um prato e talheres, além de uma mala ou mochila com peso máximo de trinta quilos.

Em 15 de maio, Hannah põe-se a caminho com sua mala para o Vélodrome d'Hiver, um gigantesco estádio de ciclismo, e, entre os dias 15 e 23 de maio, ela e mais de 2,3 mil outras mulheres ficam isoladas sob o enorme telhado de vidro do recinto desportivo. Os dias transcorrem quentes e sem incidentes. Ninguém sabe o que vai acontecer, e ninguém lhes conta nada. Toda vez que um avião sobrevoa o teto de vidro, as mulheres temem um bombardeiro alemão pronto para o ataque. Hannah imagina o enorme telhado de vidro se espatifando em milhões de pedaços, como que numa Noite dos Cristais parisiense, um dilúvio de estilhaços de vidro sobre as 2 mil mulheres presas na arena. Para se tranquilizar, elas se dizem gratas por seus guardas serem franceses e não homens da ss, tratando de convencer-se de que estão fora do alcance do inimigo e evitando refletir sobre o fato de que foram presas por aqueles que alegaram ser seus amigos.

Além de seus poucos pertences, Hannah levou o mesmo poema que havia ajudado seu marido durante a internação anterior em Villemalard. Na época, ela havia memorizado o então inédito poema escrito por Bertolt Brecht: "[...] que a água mole em movimento/ com o tempo vence a poderosa pedra/ pois o que é duro não perdura".

"Me ajudou a decidir quem era amigo e quem não era", Heinrich havia dito. "Ou eles entendiam, ou não."

Assim como Heinrich, Bertolt Brecht era dissidente, um refugiado político. Durante a década de 1920, ele tinha sido uma das mais célebres personalidades culturais da Alemanha, recebendo prêmios prestigiosos e vendo sua dramaturgia ser levada a grandes palcos. Entretanto, em 1926, Brecht começou a estudar Marx e depois passou a escrever várias obras influenciadas pelo marxismo.

Em 1933, logo após a ascensão de Hitler ao poder, ele deixou a Alemanha para se refugiar na Dinamarca, na casa da escritora Karin Michaëlis. Com o tempo, comprou uma casa em Svendborg, na ilha de Fiônia, onde Walter Benjamin foi visitá-lo. Uma série de fotografias em preto e branco mostra os dois amigos jogando xadrez debaixo de uma pereira em Svendborg, ambos profundamente absortos no jogo. Brecht, virado para a câmera e franzindo os olhos levemente para o sol, segura um charuto gordo numa das mãos e parece despreocupado. Um sorriso brinca em seus lábios enquanto observa Walter que, de cabeça curvada e testa franzida, contempla a próxima jogada. O tabuleiro de xadrez está montado numa mesa simples de madeira, e os dois homens aparecem sentados em cadeiras de pau bambas, rodeados por um exuberante jardim de árvores e arbustos frutíferos. Altas malvas-rosa crescem ao lado da casa branca de enxaimel que se vislumbra ao fundo.

Além da visita no verão de 1934, quando a foto provavelmente foi tirada, Walter visitou o amigo em 1936 e 1938. Olhando para as imagens fotográficas, é difícil entender como alguém poderia tê-los por dois homens perigosos e desprezíveis, como eram vistos em sua terra natal, onde o regime nazista queimava seus livros em fogueiras. Mais tarde, porém, o poema que ofereceu consolo a Heinrich e seus amigos foi publicado na coletânea *Svendborger Gedichte*, ou *Poemas de Svendborg*, considerada uma das obras mais importantes da literatura alemã no exílio.

Em 23 de maio, Hannah e suas companheiras finalmente podem sair do Vélodrome d'Hiver, de onde são transportadas para outra internação numa caravana de ônibus que margeia o rio Sena e passa o Louvre, enquanto várias mulheres a bordo choram. Talvez estejam vendo Paris pela última vez, a cidade que, para muitas delas, tem sido sua casa por anos. Hannah não chora. Depois de quase sete anos em Paris, ela considera a cidade sua e diz a si mesma que voltará a sua vida e a Heinrich. Os ônibus param na Gare de Lyon, e de lá as mulheres viajam de trem para Gurs, onde um grande campo de internação as aguarda.

As 2364 mulheres de Paris são internadas com grupos de homens e mulheres de outras partes da França. No final de junho de 1940, havia 6536 internos no Camp Gurs. Originalmente, o campo foi construído para internar refugiados políticos da Espanha, os republicanos que lutaram contra Franco e foram forçados ao exílio depois do fim da guerra civil, em 1939. Quando Hannah chega, apenas uma quadra, composta de oito barracas de madeira, abriga os espanhóis. A maioria no campo é de judeus alemães, homens e mulheres que deixaram o país onde nasceram e cresceram, um país que de repente começou a considerá-los diferentes daquilo que eles mesmos se consideravam: alemães.

O campo fora construído segundo o princípio de uma antiga cidade romana, consistindo em doze quadras, cada uma composta de oito barracas de madeira. Uma rua, o *cardo*, dividia o campo em duas partes, longitudinalmente, e uma rua maior, o *decúmano*, o dividia transversalmente. Oito vias menores subdividiam a área em quadras. Tudo era cercado por arame farpado e iluminado com holofotes.

Camp Gurs ficava no sopé dos Pireneus, o que afetava o clima. Hannah descreve como de dia havia um calor escaldante, enquanto as noites traziam temporais e aguaceiros. As constantes chuvas noturnas transformavam todos os caminhos do campo em lamaçais e deixavam a roupa úmida, com cheiro de pano de chão. Uma vez que só havia água em uma das barracas do campo, era difícil cuidar da higiene pessoal. No entanto, Hannah fez questão de se lavar bem todos os dias, pentear seu cabelo, a essa altura curto e encaracolado, e manter sua roupa o mais limpa possível.

Kaethe Hirsch, cujos diários dos tempos de Gurs chegaram a

ser publicados, escreve que o pior a suportar no campo era a inatividade. Havia grande tentação de ficar parado, sentindo pena de si mesmo. No entanto, Hannah não caía nessa tentação, e incentivava as outras mulheres a se manter limpas e asseadas, ciente da importância de preservar o moral, de não se entregar ao abandono, quer físico, quer mental.

Os dias no campo de internação eram tão quadriculados quanto o próprio campo: levantar, tomar banho, limpar a barraca, esvaziar as latrinas. A comida era pouco variada, resumindo-se em geral a peixe seco e salgado. Não havia espaço para escolhas individuais. Gurs não parece ter sido um lugar de violência física, mas a violência psicológica foi ostensiva, e o exercício do poder, bastante concreto: os internos foram privados de sua liberdade e do controle sobre sua própria vida. O poder de decisão estava na mão de outros, que os obrigavam a cumprir ordens, algo que também é uma forma de violência, certo?

Em *Sobre a violência*, Hannah toma como ponto de partida para sua discussão sobre a fenomenologia da violência a afirmação do sociólogo Charles Wright Mills de que "a forma máxima do poder é a violência". De acordo com Hannah, há amplo consenso entre os teóricos políticos, tanto da esquerda como da direita, de que a violência nada mais é que "a manifestação mais flagrante do exercício do poder". No entanto, ela não adere de imediato a essa definição — raramente facilita tanto as coisas para si mesma. Primeiro, afirma, precisamos chegar a um acordo sobre o que queremos dizer com poder.

"O poder", disse Voltaire, "é a possibilidade de obrigar os outros a fazer o que me apetece." A definição de Max Weber ecoa a de Voltaire. De acordo com Weber, o poder está presente sempre que alguém "impõe sua própria vontade, apesar da resistência". E o filósofo Bertrand de Jouvenel escreve o seguinte sobre o poder: "Comandar e ser obedecido: eis a condição necessária para que haja poder, e condição suficiente, sem a qual o poder não existe, pois sua essência é o comando".

Hannah observa que fenômenos como força, autoridade, poder e violência estão relacionados, mas de maneira alguma são sinônimos:

> Politicamente falando, é insuficiente dizer que poder e violência não são o mesmo. Poder e violência são opostos; onde um domina absolutamente, o outro está ausente. A violência aparece onde o poder está em risco, mas, deixada a seu próprio curso, conduz ao desaparecimento do poder. [...] A violência pode destruir o poder, mas é completamente incapaz de criá-lo.

Portanto, Hannah vê o poder e a violência como mutuamente opostos, concluindo que onde não há poder reina a violência.

Em 22 de junho de 1940, a França capitula. O marechal Pétain, que substituíra o primeiro-ministro Paul Reynaud, anunciou a decisão pelo rádio. O governo deixou Paris no dia 10 de junho, e os britânicos já tinham abandonado Dunkerque, Calais e a França ocidental no final de maio. O boato de que o país se rendera à Alemanha se espalhou como rastilho de pólvora entre os internos de Camp Gurs, e a agitação cresceu rapidamente. Ninguém, nem as mulheres presas, nem os guardas, sabiam o que aconteceria em seguida. O que a capitulação significaria para os cidadãos alemães que estavam detidos atrás de cercas de arame farpado? Será que os internos seriam entregues ao poder de ocupação? Ou seriam libertados? As especulações eram muitas, e medo e desânimo se misturavam com esperança e expectativa.

Hannah percebeu que uma oportunidade de sair do campo, de fugir, estava se abrindo. O poder foi quebrado, e desordem e violência as aguardavam. Em meio à confusão e ao caos que surgiram, uma janela se abriu na história, e era preciso agir depressa. Ela deduziu que mais cedo ou mais tarde os nazistas tomariam conta do campo, e julgou inexistente a possibilidade de que soltassem os judeus. Seu instinto de se preparar para o pior a guiou mais uma vez.

Foi mais fácil sair do campo do que Hannah tinha imaginado. Já no dia seguinte à capitulação francesa, a possibilidade de deixar Gurs é oferecida a todos os internos. Recebem documentos de soltura e ordens estritas de sair do departamento de Bysse Pyrenée dentro de 24 horas. As mulheres são informadas de que não há meios de transporte em funcionamento, nem serviço de trem, nem de ônibus. Portanto são instruídas a levar o mínimo possível, já que devem contar com uma viagem a pé. Os guardas dizem que quem ainda se encontrar na região depois de 24 horas será internado outra vez.

Para Hannah, a decisão é simples. Ela junta seus poucos pertences e tenta fazer as outras mulheres entenderem que também devem aproveitar a oportunidade e partir. Para seu desespero, a maioria das internas optaria por permanecer no campo. Preferiram a relativa segurança do cativeiro à liberdade insegura. Em 1962, Hannah escreveu um artigo na revista *Midstream* sobre as mulheres que escolheram ficar: "Nenhuma de nós podia 'descrever' o que aguardava as que ficaram para trás. Tudo o que podíamos fazer era dizer a elas o que imaginávamos que ia acontecer — o campo seria entregue aos alemães vitoriosos. Cerca de duzentas mulheres de um total de 7 mil saíram".

Os temores de Hannah se tornariam realidade. Camp Gurs de fato foi entregue aos alemães. No outono de 1940, alguns meses depois de ela ter saído do campo, mais 6 mil internos chegaram a Gurs, judeus de Baden e Saar-Pfalz que foram transportados clandestinamente para lá por Adolf Eichmann, em colaboração com o regime de Vichy. À medida que o número de presos aumentava, as condições do campo pioravam. Muitos sucumbiram, por subnutrição e doenças, e os que conseguiram sobreviver foram mandados para os campos de extermínio na Alemanha, em 1942 e 1943.

Hannah saiu de Gurs às pressas e se juntou ao fluxo de pessoas libertadas dos campos de internação. As estradas estavam cheias de gente que havia deixado as partes ocupadas da França — milhares de homens e mulheres estavam em movimento, todos fugindo de algo, poucos com um destino claro. A zona livre no sul da França era caótica, e as mulheres de Gurs se misturavam com os franceses que caminhavam, dirigiam e pedalavam, sem saber para onde estavam indo. Dormiam ao relento ou em palheiros e celeiros. Por vezes, os camponeses tinham piedade deles e lhes davam comida e abrigo em troca de algum trabalho temporário.

As mulheres de Gurs se distinguiam por usar lenços coloridos, amarrados como turbantes na cabeça. Arthur Koestler descreve, no livro *Scum of the Earth* [Escória da Terra], sua experiência de internação em Le Vernet e diz o seguinte sobre elas:

> Vi refugiadas alemãs que foram internadas no campo de Gurs, agora recém-libertadas, sem saber para onde ir, o que fazer. Conversei com uma num café; disse que estava enviando telegramas a todos os campos de internação da França não ocupada, tentando localizar seu marido, rezando para que ele não se encontrasse em território ocupado. Centenas de mulheres na mesma situação estão vivendo em Castelnau, Navarrenx, Sus, Géronce e outros povoados ao redor. O povo as chama de *les Gursiennes*. Os camponeses lhes alugam quartos ou as deixam trabalhar no campo em troca de alojamento e comida. Parecem subnutridas, exaustas, porém arrumadas. Todas usam turbantes à la mode, um lenço colorido envolto à cabeça.

Talvez as mulheres de Gurs trajassem turbantes coloridos porque era difícil lavar o cabelo no campo ou talvez quisessem protegê-lo. Quem sabe Hannah também usasse um turbante para cobrir seus curtos cachos castanho-escuros enquanto se afastou de Gurs e da região de Base Pyrenée.

A essa altura, Hannah não faz ideia de onde está Heinrich. Assim como a mulher descrita por Koestler, ela está à procura de seu marido. Heinrich teria, segundo a ordem, comparecido ao Stade Buffalo em 14 de maio para transporte posterior a um destino desconhecido. No entanto, depois de se despedirem com um beijo naquela manhã de maio, os dois não tiveram contato algum.

10. Montauban

Era impossível retornar para o apartamento em Paris, pois a capital já estava ocupada pelos alemães. Em vez disso, Hannah dirigiu seus passos à zona livre. Caminhou ao longo dos Pireneus rumo ao Mediterrâneo e por um simples acaso acabou em Lourdes, um local de peregrinação. A pequena cidade, que todo ano recebe centenas de milhares de peregrinos, está lindamente situada no sopé da cordilheira. Um rio atravessa a cidade, e nos arredores fica a gruta onde, de acordo com a lenda, a jovem Bernadette viu a Virgem Maria.

Para sua grande alegria, Hannah encontrou Walter Benjamin em Lourdes. Ele tinha conseguido sair de Paris no último trem que deixou a cidade. Depois de a Gestapo revistar seu apartamento, Benji percebeu que seria impossível ficar. A marca de mãos hostis em todos os seus pertences o fez sentir-se desconfortável em sua própria casa. Além do mais, a Gestapo havia apreendido alguns dos textos nos quais estava trabalhando e destruído parte de sua coleção de livros.

Hannah, exausta depois de muitos dias de caminhada, com

bolhas nos pés e dores nas costas, pôde descansar na casa de Walter. Ele estava grato pela companhia e, de sua maneira desajeitada, cuidou dela com afeto. Numa carta a seu bom amigo Gershom Scholem, ela descreve as semanas em Lourdes:

> Era o momento da derrota, e depois de poucos dias os trens pararam de circular. Ninguém sabia o que havia acontecido com suas famílias, maridos, filhos, amigos. Benji e eu jogávamos xadrez de manhã à noite e, nas pausas, líamos o jornal, se conseguíssemos algum. Tudo correu muito bem até a divulgação do acordo de cessar-fogo com a famosa cláusula de extradição. É claro que, depois disso, nós dois nos sentimos muito mais apreensivos, mas não posso dizer que Benjamin entrou em pânico real. De todo modo, soubemos dos primeiros suicídios entre os internos fugindo dos alemães, e pela primeira vez Benjamin começou a falar repetidamente comigo sobre o suicídio, que sempre havia essa saída.

Hannah ficou preocupada com o pensamento de seu grande amigo e argumentou que isso — tirar a própria vida — seria ajudar os nazistas. Era exatamente o que os nazistas queriam: que os judeus morressem. Por que lhes dar esse prazer?

Depois de algumas semanas com Walter em Lourdes, Hannah pôs o pé na estrada outra vez. Seu destino era Montauban, uma pequena cidade no sul da França que havia se tornado uma espécie de abrigo para refugiados.

O prefeito, Fernand Balès, era socialista convicto e se recusou terminantemente a obedecer ao governo de Vichy. Balès deixou os refugiados se instalarem nas casas que foram abandonadas no pânico geral ocasionado pela capitulação da França. Milhares de pessoas, refugiados que conseguiram sair dos campos de internação antes de ser tarde demais, se reuniram em Montauban. Foram destituídos de tudo, e todos procuravam alguém.

Quando Hannah chega a pé, depois de alguns dias de caminhada, a cidadezinha medieval reluz em cor-de-rosa. Casas baixas com tijolos de vários tons de vermelho, desde o rosa mais claro até o terracota escuro, ladeiam as vielas estreitas e empedradas. Um rio atravessa a cidade, e em outras circunstâncias Hannah certamente teria notado a beleza do lugar. No verão de 1940, porém, outras coisas ocupavam sua mente. Toda sua existência estava focada em encontrar Heinrich.

Hannah não parou na cidade pitoresca — ela sabia que Lotte Klenbort, amiga sua e de Heinrich, havia alugado uma casa nos arredores de Montauban para escapar de Paris, e seu plano era se hospedar ali. Guardava uma esperança de que Heinrich também tivesse pensado como ela e estivesse indo para Montauban.

Ao contrário de quando ele estava internado em Villemalard, os dois não tiveram oportunidade de se comunicar por carta. Afinal, nenhum deles sabia onde o outro havia parado. Por toda parte Hannah encontrou pessoas que procuravam seus filhos, pais e amados. Mostravam fotografias uns aos outros, torcendo para encontrar alguém que tivesse alguma informação sobre a pessoa que buscavam — talvez tivessem ficado no mesmo campo de internação, talvez tivessem visto aquela pessoa em algum lugar durante suas andanças. As paredes dos pequenos cafés de Montauban estavam cobertas de bilhetes escritos à mão com avisos sobre os procurados e dados de contato.

Da casa de Lotte, Hannah ia de bicicleta até Montauban várias vezes por semana para se manter atualizada sobre a situação política e a evolução da guerra na Europa, mas sobretudo para tentar obter notícias sobre Heinrich. Um dia, depois de várias semanas de esperança e desespero, ela de repente se viu diante dele, numa rua de Montauban.

Se isso fosse um romance, teria sido difícil fazer o leitor acreditar numa coincidência tão feliz e altamente improvável: que a heroína do livro, sozinha, ansiosa e recém-libertada de um campo de internação, num país de 40 milhões de habitantes e centenas de milhares de pessoas em fuga, de repente estaria frente a frente com o homem amado, um homem que, assim como ela, ficara internado durante meses.

Por mais improvável que pareça, foi exatamente o que aconteceu. Apesar de tudo, Heinrich e Hannah se reencontraram. Caíram nos braços um do outro bem em meio à multidão, numa das principais ruas de Montauban, e não se soltaram tão cedo.

O campo onde Heinrich fora internado tinha sido evacuado quando os alemães chegaram a Paris. Os guardas ordenaram que os internos marchassem rumo ao sul, já que seriam transferidos para outro campo. Entretanto, aviões alemães passaram a sobrevoar a coluna de prisioneiros e começaram a atirar, e os guardas resolveram deixá-los fugir. Heinrich continuou para o sul, afastando-se de Paris em direção à zona livre, juntando-se ao fluxo de milhares de bicicletas, carros e pessoas que migravam das áreas ocupadas pelos alemães, onde Hannah estivera presa.

Por um curto período, Hannah e Heinrich se hospedaram na casa de Lotte, mas logo conseguiram encontrar um pequeno apartamento na cidade de Montauban. Seus aposentos rapidamente se tornaram um ponto de encontro, e o círculo social que o casal teve em Paris foi quase recriado: as irmãs Weil, o casal Cohn-Bendit, a família Klenbort, Peter Huber e Walter Benjamin, todos frequentaram o pequeno apartamento acima de um estúdio fotográfico. Fritz Fränkel também passou por lá, a caminho do México.

Foi um verão seco e quente, e as discussões sobre a situação política e possíveis cenários futuros eram intermináveis. O que aconteceria com a França, com a Europa, com o povo judeu? Deveriam ficar e torcer pelo melhor — ou era hora de fugir? E se fosse hora de fugir, para onde iriam? E como? Fritz Fränkel embarcou para o México, Walter Benjamin aceitou a contragosto a ideia de deixar a Europa pelos Estados Unidos, e, em 1940, Brecht estava vivendo na Suécia depois de vários anos na Dinamarca.

Pouco a pouco, o regime de Vichy tomava uma direção antijudaica. Hannah reconheceu o processo da Alemanha: começava com pequenos passos e terminava com exclusão e internação. Foi nomeado um comitê cujo objetivo era "revisar os casos de mais de 500 mil estrangeiros que se naturalizaram franceses desde 1927". Hannah pressentiu o desfecho. Era uma questão de identificar os judeus e excluí-los.

Hannah e Heinrich tentaram dissipar os maus pensamentos e fazer o tempo passar com a leitura, mas o tempo raras vezes se move tão devagar e ainda tão implacavelmente rápido como quando enfrentamos a incerteza. Tudo fica parado e ao mesmo tempo corre em ritmo acelerado. Mais tarde, em seu ensaio sobre Walter Benjamin, Hannah descreveria o verão de 1940 como "o momento mais negro da guerra". A França havia caído, a Inglaterra estava sob ameaça e o pacto entre Hitler e Stálin permanecia intacto, o que significava, entre outras coisas, uma estreita colaboração entre os dois serviços de inteligência mais poderosos da Europa.

Enquanto Heinrich continuava a estudar Kant, Hannah leu Marcel Proust, Carl von Clausewitz e Georges Simenon, obras que deixaram marcas em *Origens do totalitarismo*. A descrição da polícia francesa feita por Simenon se tornaria valiosa para Hannah, até na vida particular.

Em outubro daquele ano, todos os judeus que se encontravam na França foram convocados para comparecer à delegacia mais próxima, uma descarada incitação para registrá-los. Hannah bateu o pé na hora, pois jamais compareceria a uma delegacia voluntariamente. Alguns de seus amigos a consideraram um pouco conspiratória demais por proibi-los de obedecer à ordem. Vários devem ter dado risada quando ela alegou que a polícia francesa não era confiável, fazendo referência aos livros de suspense de Simenon. Afinal, a polícia francesa nunca se comportaria assim.

Hannah e Heinrich, assim como a maioria de seus amigos afinal, se recusaram a se registrar, significando que, além de serem definidos como apátridas, também eram considerados ilegais. Os que obedeceram à convocação de se registrarem na polícia francesa e informaram seu endereço atual foram posteriormente apreendidos e entregues aos alemães sem piedade.

Já estava mais do que na hora de sair da França.

11. O significado da esperança: sobre o suicídio

Somente bem mais tarde, muitos anos depois de ter escapado do campo de internação e deixado a Europa, Hannah confessou a Kurt Blumenfeld, seu amigo de Berlim, que havia cogitado tirar a própria vida enquanto estava presa em Gurs. A lama, os ratos, a fome constante, a barraca apertada e escura, o cheiro importuno dos corpos das outras mulheres, tudo era profundamente desgastante. Mas não foi isso que a fez pensar em suicídio. Não, era outra coisa, algo maior, algo mais complicado: uma sensação devastadora de que o mundo se encontrava numa situação sem salvação.

O que faz a pessoa que não tem mais esperança? Ela desiste. A capacidade de imaginar uma existência além do presente, um futuro, é decisivo para a sobrevivência do ser humano. Apenas quem possui esse dom — a esperança — consegue sobreviver a atrocidades e barbarismo. Em 1943, quando já estava segura nos Estados Unidos, Hannah discutiu a relação entre fé, esperança e sobrevivência no ensaio "Nós, os refugiados", dizendo que não eram os primeiros judeus perseguidos, mas "somos os primeiros judeus não religiosos perseguidos — e somos os primeiros que, não apenas *in extremis*, respondemos com o suicídio". Para alguém sem fé, não há nenhum impedimento para se suicidar, nenhum Deus que o proíba, nenhum inferno no qual queimar para sempre.

Quando leio sobre o profundo desespero de Hannah em Gurs, penso em Viktor Frankl e suas considerações sobre sentido e esperança. "Quem tem um 'porquê' para viver, pode suportar quase qualquer 'como'", diz ele, parafraseando Nietzsche, no livro *Em busca do sentido: um psicólogo no campo de concentração*. A percepção de Frankl vem de uma experiência profunda. Em 1942 ele foi deportado para Theresienstadt com sua esposa e seus pais. Passou por quatro campos de concentração, mas perdeu os familiares. Refletindo sobre como conseguiu sobreviver, atribui grande importância à sua capacidade de sentir esperança e significado: se você sabe o porquê, pode suportar quase tudo. "A vida nunca se torna insuportável devido às circunstâncias, mas apenas por falta de sentido e propósito."

Sentido e propósito. É exatamente o que a religião pode oferecer, a fé no transcendente, algo além, uma divindade que tem um plano, que nos tem na palma da mão. Essa fé Hannah não possuía. Foi criada numa casa onde não havia interesse por questões religiosas, pois seus pais não acreditavam em Deus, mas no socialismo; tanto Martha como Paul eram social-democratas. Seus avós, no entanto, eram crentes. Max, o avô paterno, figurava entre os líderes da congregação judaica de Königsberg, e quando criança Hannah costumava acompanhar os avós à sinagoga.

Mais tarde, já adolescente em Königsberg, ela leu Kant, Jaspers e Kierkegaard. Não é difícil perceber que os três marcaram profundamente seu pensamento, como as influências da juventude costumam fazer. Os três constituem uma combinação interessante com base na qual construir uma filosofia, uma atitude de vida, talvez até um sistema: Kant, com sua crença inabalável na razão humana, na boa vontade e nos deveres absolutos, Jaspers, com sua ideia de situações-limite, e Kierkegaard, cujo existencialismo romântico enfatiza a coragem e a irracionalidade em vez da razão, tão fundamental para o sistema filosófico de Kant.

A consciência da mortalidade humana — a nossa e a dos outros — é o pano de fundo sobre o qual vivemos nossa vida. Na situação em que Hannah se encontrava em 1940, internada num campo para "indesejáveis", a morte deve ter sido altamente palpável, como ameaça e como possibilidade. De acordo com Kant, tirar uma vida humana é um crime imperdoável, e o dever de não matar também se aplica à vida da própria pessoa. O suicídio, para o kantiano, é impensável. Karl Jaspers tinha uma relação diferente com a morte. Ele considerava a morte, assim como o nascimento e a sexualidade, situações-limite, um estado de consciência existencial intensa. Será que tais ideias ajudaram Hannah em Gurs?

Ela pensou na morte como uma possível saída. Em sua carta a Kurt, enviada em 1952, Hannah descreve seu raciocínio:

> Em geral, está indo tudo muito bem, e, se a história do mundo não fosse tão perversa, seria maravilhoso viver. De qualquer forma, é isso. Eu pensava assim até em Gurs, onde me fiz a pergunta com seriedade e a respondi em tom brincalhão.

A pergunta que ela se fez foi se tiraria a própria vida, e a conclusão a que chegou foi que o suicídio era uma solução ou uma resposta para um problema individual. Seu problema, estar presa num campo de internação em plena guerra, não era um problema individual, mas uma consequência de outras circunstâncias. A situação de Hannah e dos outros internos era uma consequência de causas históricas, não individuais. Nada lhes dizia respeito como indivíduos. Eles eram um coletivo anônimo.

No texto "Nós, os refugiados", Hannah discute o suicídio usando como ponto de partida um episódio em Gurs. Certa vez, surgiu entre os internos uma sugestão de suicídio coletivo como ato de protesto. Alguns se opuseram, opinando que escolher a morte seria jogar a favor dos guardas, pois isso significaria fazer exatamente o que eles queriam. Outros sentiram uma intensa vontade de viver. Diante da possibilidade iminente da morte, a vida e seu valor se tornaram ainda mais manifestos — assim como argumenta Jaspers. A proximidade da morte afeta a concepção humana da vida. Quando se corre o risco de perder algo, a vontade de lutar também desperta.

Hannah teve motivos para refletir sobre o suicídio já antes de passar pela internação em Gurs. Um jovem amigo de Walter Benjamin, internado no mesmo campo que Heinrich no outono de 1939, havia tirado a própria vida. Ao contrário de Heinrich, ele não tivera a sorte de ser libertado. Heinrich condenou o suicídio como a saída do covarde, uma manifestação de fraqueza. Walter, por outro lado, defendeu apaixonadamente a decisão do jovem, argumentando que o suicídio era uma expressão da "liberdade radical" do homem.

Jean-Paul Sartre, que viveu em Paris na mesma época que Hannah e seus amigos, argumenta que o ser humano cria sua vida por meio de suas escolhas. Essa é sua liberdade radical. Jean Améry, existencialista como Sartre, alega em seu livro *On Suicide* que o suicídio é a manifestação máxima dessa liberdade radical. Améry, cujo nome de nascimento era Hans Mayer, juntou-se ao movimento da Resistência durante a guerra e, em 1943, foi internado em Fort Breendonk. De lá, foi enviado para Auschwitz e tornou-se uma das pouquíssimas pessoas a sobreviver a esse campo de concentração. Entretanto, suicidou-se em 1978.

O argumento de Walter Benjamin sobre o suicídio como ato de liberdade proliferava entre os existencialistas e era glorificado por alguns. "Benji", como Hannah o chamava, brincou com a ideia do suicídio já na eclosão da guerra. "Prefiro uma vida mais curta na França a uma mais longa nos Estados Unidos", disse em tom desafiador na primavera de 1940. E assim foi. Em 26 de setembro do mesmo ano, Walter se matou na cidade fronteiriça de Portbou.

"Caro Scholem", escreveu Hannah ao amigo Gershom Scholem no final do outono de 1940:

> Walter Benjamin tirou a própria vida em 26 de setembro, na fronteira espanhola, em Portbou. Ele tinha um visto para os Estados Unidos, mas desde o dia 23 os espanhóis só permitiam a entrada de portadores de passaportes "nacionais". Não sei se essas linhas vão chegar até você. Nas últimas semanas e meses, vi Walter várias vezes, mais recentemente em Marselha, no dia 20. Essa notícia chegou até nós e a irmã dele com quatro semanas de atraso.
>
> Os judeus estão morrendo na Europa e sendo enterrados como cães.
>
> Sua Hannah

Hannah e Heinrich ficaram chocados com a notícia da morte de Walter. Achavam que ele havia conseguido viajar para os Estados Unidos com a ajuda do visto que lhe fora concedido pela embaixada americana já em setembro. Como não possuía um visto de saída da França, o Comitê de Resgate de Emergência havia providenciado uma permissão de trânsito pela Espanha, de modo que ele pudesse chegar a Portugal por lá. Benjamin tinha uma passagem num transatlântico, com partida de Lisboa. Tudo estava organizado, e, com cerca de meia dúzia de outros refugiados, ele fez a travessia em Portbou. Mas, ao alcançarem a fronteira espanhola, descobriram que estava fechada. Pela polícia de fronteira, Walter e seus companheiros foram informados de que seriam deportados de volta para a França no dia seguinte.

Walter Benjamin se hospedou num pequeno hotel em Portbou, e ali encerrou sua vida naquela mesma noite. Não deixou nenhuma carta, nenhuma explicação. Os policiais de fronteira ficaram tão impressionados com sua morte que deixaram os outros refugiados, os que haviam chegado com Benji, ultrapassarem a fronteira. Ele não escreveu nenhuma carta de despedida, não deixou nenhuma explicação sobre seu gesto. Mas, como Hannah observou na revista judaica *The Menorah Journal* em 1943, não havia necessidade. O motivo era óbvio para todos:

> Diferentemente de outros suicidas, nossos amigos nunca deixam nenhuma explicação de seu ato, nenhuma acusação, nenhuma queixa contra um mundo que forçou um homem desesperado a falar e se comportar como se nada tivesse acontecido até seu último dia. As cartas deixadas por eles são documentos convencionais, sem sentido. [...] Ninguém se preocupa com os motivos; parecem ser claros para todos nós.

Quem sabe Walter Benjamin já tivesse planejado seu suicídio. Talvez tivesse decidido morrer antes mesmo do infortúnio em Portbou, ou estivesse apenas aguardando um sinal, um último e definitivo golpe mortal. Tinha sofrido com a guerra. Sua saúde física era frágil, e a visita feita pela Gestapo a seu apartamento em Paris, antes de ele conseguir fugir, deixou-o profundamente abalado e arrasado. A Gestapo confiscou seus livros e os textos nos quais trabalhava, e sua dor por ter perdido o mais fundamental de sua vida era grande.

Qualquer pessoa pensante e de letras pode entender seu desespero. Uma biblioteca é mais do que uma coleção de livros: é um mundo inteiro. Os livros que lemos, com pontos de exclamação nas margens, grifos e dobras, formam um universo intelectual que leva tempo, talvez uma vida inteira, para construir. Como ele aguentaria iniciar uma biblioteca do zero mais uma vez?

Na carta a Gershom Scholem datada de 17 de outubro de 1941, Hannah descreve como Walter falava quase freneticamente sobre o suicídio quando ela se hospedou na casa do amigo em Lourdes, no verão de 1940, depois de ter conseguido escapar da internação em Gurs: "De todo modo, soubemos dos primeiros suicídios de internos fugindo dos alemães. E pela primeira vez Benjamin começou a falar repetidamente comigo sobre o suicídio, que sempre havia essa saída".

Na época, Hannah naturalmente argumentou contra Walter, dizendo que havia bastante tempo para fugir, que a situação não era tão desesperadora, que existiam alternativas muito melhores do que o suicídio.

A última vez que se viram, Walter havia deixado aos cuidados de Hannah e Heinrich seu manuscrito recém-acabado, *Teses sobre o conceito de história*, pedindo-lhes que o levassem para os Estados Unidos. Hannah havia achado o pedido um pouco estranho, porque nem ela nem Heinrich tinham conseguido o visto de saída ainda. Walter, por outro lado, já estava com o visto e a passagem no navio transatlântico. Por que ele mesmo não levava o original? Entretanto, Hannah e Heinrich aceitaram o manuscrito e o grande voto de confiança que levá-lo para os Estados Unidos significava, prometendo entregá-lo ao Instituto de Pesquisa Social em Nova York.

Irônica e tragicamente, a fronteira espanhola foi reaberta poucos dias depois do suicídio de Walter Benjamin. Se ele tivesse aguentado mais alguns dias, teria conseguido chegar aos Estados Unidos, à liberdade. Muitos anos mais tarde, em 1968, Hannah escreve sobre a morte de Walter Benjamin em *Homens em tempos sombrios*:

> Poucas semanas depois suspendeu-se novamente o embargo aos vistos. Um dia antes, Benjamin teria passado sem nenhum problema; um dia depois, o pessoal em Marselha saberia que, de momento, era impossível passar pela Espanha. Apenas naquele dia em particular foi possível a catástrofe.

Hannah revela que Walter Benjamin tinha uma certa identidade com Franz Kafka. "O entendimento da produção [de Kafka] está ligado, entre outras coisas, ao simples reconhecimento de que ele foi um fracasso", escreve em *Briefe*, volume II, e prossegue: "Seria possível dizer: uma vez que ele teve certeza do fracasso final, tudo no caminho saiu como havia sonhado". Em seu ensaio sobre Walter Benjamin, Hannah argumenta que a descrição feita por ele sobre a visão que Kafka tinha de si mesmo como um fracasso também era um autorretrato. Benji se via como um fracasso, um caso perdido.

Jean Améry, que, como Walter Benjamin, escolheu pôr fim à vida com as próprias mãos, descreve sua experiência essencial com o termo *échec*, que pode ser traduzido como "derrota" ou "fracasso". Ele viveu com essa sensação mesmo antes de ser enviado para Auschwitz. Imagino que sua sensação de derrota tenha sido reforçada pela internação num campo de concentração, da mesma forma que a atitude de Walter Benjamin em relação a si mesmo e a sua vida como um fracasso foi confirmada naquele fatídico dia na cidade fronteiriça de Portbou, quando a porta para a liberdade e para a vida lhe foi fechada.

"A esperança passou por sobre suas cabeças como uma estrela que cai do céu", escreve Goethe. Walter Benjamin o cita num ensaio, dando continuidade à sua discussão sobre a esperança em *Schriften I*: "Apenas por consideração aos desesperançados é que nos foi dada a esperança". A esperança vacilante de Benjamin o abandonou naquela noite em Portbou.

O que faz uma pessoa aguentar a perda de tudo? A escuridão mais densa? A intromissão da morte e do mal entre ela e a vida que quer viver?

A resposta é a esperança. Ela parece ser decisiva para a resistência do ser humano ao mal, a única arma na luta contra o impulso de desistir. É a capacidade de imaginar algo diferente, algo além do presente, um tempo e um lugar que são melhores do que o tempo e o lugar em que você se encontra. Como será que Hannah sobreviveu?

Sem dúvida, ela entendeu a importância da esperança. Em *The Menorah Journal*, escreve sobre os judeus austríacos:

> Desde 1938, desde a invasão de Hitler à Áustria, observamos como o otimismo eloquente pode se transformar depressa em pessimismo mudo. Com o passar do tempo, fomos piorando — ficamos ainda mais otimistas e ainda mais inclinados ao suicídio. Os judeus austríacos sob Schuschnigg eram pessoas muito animadas: todos os observadores imparciais os admiravam. Foi extraordinário ver quanto estavam convencidos de que nada lhes poderia acontecer. Mas quando as tropas alemãs invadiram o país e seus vizinhos gentios passaram a assaltar suas casas, os judeus austríacos começaram a se suicidar.

Sim, Hannah entendia a importância de ter esperança e também possuía a capacidade de imaginar algo diferente, algo melhor — no entanto, foi sua capacidade de temer o pior, a desconfiança, que diversas vezes salvou sua vida. Ela nunca deu de ombros, torcendo para que as coisas se resolvessem sozinhas. Não acreditava que o desagradável desapareceria se fechasse os olhos. Nunca foi ingênua. Possuía o dom de combinar a disposição de esperar pelo pior com uma fé inabalável em seu próprio poder de influenciar sua vida. Não deixou nada ao acaso.

Hannah sempre optou por assumir a responsabilidade, pondo o dever antes da tentação de se deixar levar pela desesperança.

12. O bem e o mal

A bondade existe, mesmo nos momentos mais sombrios. Vale a pena lembrar que a violência, a brutalidade e a guerra não despertam apenas o pior nas pessoas. A escuridão também evoca bondade, coragem e responsabilidade. Foram inúmeras as pessoas que, muitas vezes arriscando a própria vida, escolheram protestar em silêncio e segredo contra a violência e a crueldade que varreram a Europa. Elas se organizavam em movimentos de resistência, ajudavam pessoas a fugir e escondiam judeus dos nazistas.

Hannah foi uma dessas pessoas corajosas que se recusaram a ceder à escuridão e ao mal. Antes de ser forçada a sair da Alemanha, trabalhou clandestinamente para reunir provas de propaganda antijudaica. Por meio de sua missão para a Aliyah da Juventude na França, auxiliou muitas crianças e adolescentes judeus a sair da Europa para uma nova vida na Palestina. Durante os anos em Paris, ajudou refugiados judeus da Áustria e da Tchecoslováquia a se adaptar a um país novo. Sempre fez mais do que o necessário. Essa é uma definição da bondade: fazer mais pelos outros do que o necessário.

Apesar disso, a própria Hannah recuou diante do conceito de "bondade", questionando o lugar da bondade na esfera política. Em *A condição humana*, o livro em que mais sistematicamente aborda o tema, seu raciocínio toma como ponto de partida a discussão levantada por Maquiavel. O filósofo italiano descarta a bondade como virtude política e ensina, talvez deliberadamente provocador, a arte de "como não ser bom". É claro que isso não deve ser interpretado como uma rejeição da virtude pessoal da bondade, nem por parte de Maquiavel, nem por parte de Hannah.

Antes, é uma expressão da percepção de que a bondade não é um princípio que pertence à política. Pois a bondade é um conceito com dimensões metafísicas, um conceito que muito facilmente se deixa sequestrar por ideólogos religiosos e potentados eclesiásticos. No fundo, a atitude reservada de Hannah em relação à bondade como princípio orientador da política é uma defesa do secularismo, ou seja, a ideia de que o mundano e o espiritual devem ser mantidos separados. A religião e os argumentos religiosos não têm lugar no discurso político e social.

Essa é também a posição fundamental de Kant. No arquipélago do pensamento onde Kant navega, a bondade, a verdade, a beleza e outros valores são ilhas separadas. Kant não defende a "bondade" como o valor mais elevado. Ele argumenta que o ser humano deve agir de acordo com a boa vontade, e a boa vontade é obedecer aos imperativos categóricos: não matarás e não mentirás. Na ética kantiana, a verdade é superior à bondade, simplesmente porque a verdade é verificável, ou seja, algo ou é verdadeiro ou é falso. A bondade, no entanto, é arbitrária e antes uma questão de preferência e gosto.

Em sua obra *Om godheten* [Sobre a bondade], de 1988, o escritor sueco-finlandês Willy Kyrklund exemplifica o argumento de Kant de sua maneira tipicamente radical: "A história da humanidade nos mostra que a bondade está em constante crescimento.

Através dos milênios, a ideia da bondade e a demanda pela bondade ocupam um lugar cada vez maior no imaginário humano e na sociedade". Com seu jeito inimitável, ligeiramente brincalhão e provocador, Kyrklund disseca a preocupação da civilização ocidental com a bondade, esse fenômeno elusivo. "Uma coisa boa", escreve ele, "pode ser qualquer ideia ou sua hipóstase material. Uma coisa reconhecidamente boa é qualquer coisa considerada boa por um grupo de pessoas." Após essa constatação cínica, segue uma lista de coisas aleatórias que são, ou já foram, tidas como boas: "adoração às vacas, Adolf Hitler, Josef Stálin, Coca-Cola, abstinência sexual, o time de Hammarby, hóquei no gelo, a causa feminista, banho de sol, banho de gelo, banho de lama, banho de chuveiro".

De acordo com Kyrklund, a bondade é de importância crucial para a arte da guerra. Para haver guerra, é preciso que pelo menos uma das partes invoque "uma boa causa". Se ambas as partes invocarem uma causa sensata, nenhuma guerra surgirá, pois um conflito de interesses sempre pode ser solucionado de forma racional. No entanto, essa alternativa se realiza mais raramente, porque a razão não goza da mesma popularidade que a bondade e, portanto, não chega nem perto do mesmo impacto político. Em consequência, a boa causa tende a ser invocada no lugar de argumentos racionais, preparando o terreno para guerra e conflitos.

Sobretudo na política, observa Kyrklund com ironia, a bondade é uma condição indispensável, por ser essencial ao sucesso político. Todo ditador precisa de um partido que o homenageie como bom, e assim abre caminho para o poder. E, com toda sinceridade, quem daria seu voto a uma pessoa má? "Ainda bem que a oferta de pessoas boas é abundante", constata Kyrklund laconicamente.

A oferta de pessoas boas não diminuiu desde a época em que Kyrklund chegou a sua conclusão; ao contrário, o número dos "bons" não para de aumentar, enquanto o dos racionais diminui. E assim surgem cada vez mais guerras e conflitos insolúveis, pois o bem precisa ser defendido, ao passo que a razão é punida. Quando a bondade começa a proliferar, não há quem a contenha, como diz Kyrklund. Então a bondade logo se desprende de toda ligação com o bem-estar do indivíduo, sendo purgada do interesse próprio de sobrevivência e se transformando em idealismo.

A boa pessoa luta por uma boa causa, e quem protesta, assim promovendo o "mal", é uma pessoa má. Segundo Kyrklund, "facilmente se percebe a importância do idealismo para o moral do exército". A luta pelo bem nunca descansa, pois sempre há inimigos da boa causa que, a qualquer custo e com todos os meios, terão de ser combatidos. É difícil argumentar contra a bondade. Pois, como diz Kyrklund, a bondade é arbitrária, e chamar qualquer bondade de ruim já implica uma *contradictio in adiecto*, uma contradição em si.

Por motivos óbvios, Hannah não leu o ensaio mordaz de Kyrklund sobre a bondade, mas provavelmente o teria apreciado. Na correspondência com William O'Grady, um estudante que participou de seus seminários em Chicago, ela, já no fim da vida, manifesta uma atitude parecida em relação à "bondade" e a "boas pessoas". Em sua carta original a Hannah, o jovem universitário havia descrito seus esforços para ser "uma pessoa muito boa", ao que ela responde: "Não sei bem o que você quer dizer com 'boa', mas sei que o desejo de ser 'bom' é uma tentação ainda maior do que ser 'sábio'. É precisamente o que não podemos *ser*."

No ensaio sobre Bertolt Brecht, publicado em *Homens em tempos sombrios*, Hannah apresenta um argumento parecido, partindo da ideia de Brecht sobre a tentação da bondade: "*Schrecklich ist die Verführung zur Güte*" — "terrível é a tentação da bondade". De acordo com Kant, assim como existe a tentação de fazer o mal, existe a tentação de fazer o bem. Não só isso, escreve Hannah, também há a tentação de *ser* bom. No ensaio sobre Brecht, ela expõe as tentativas de Brecht de ser uma boa pessoa, tentativas que em vez de levá-lo a ser bom o levaram a fazer o serviço do mal.

Houve um tempo em que Hannah admirava Brecht. Durante os anos em Paris, ele era considerado quase um mártir nos círculos que ela frequentava, um herói que foi forçado a fugir da Alemanha por suas convicções políticas. Comparado aos intelectuais que deixaram Hannah tão decepcionada durante o processo de uniformização, Brecht era louvável, alguém que permanecera firme em suas convicções, sem se curvar ao poder.

O poema que Walter Benjamin levou para Paris após sua última visita a Brecht em Svendborg havia oferecido consolo e coragem a Hannah e Heinrich enquanto estavam internados e longe um do outro. Mas a atuação de Bertolt Brecht depois da guerra, quando a Alemanha foi dividida numa parte oriental e outra ocidental, e a capital Berlim foi cortada ao meio, não impressionou Hannah.

De acordo com ela, a falha de Brecht não foi ter sido comunista nos anos 1920 ou até nos anos 1930 — ser comunista na Europa àquela altura não era um pecado, senão um erro. Seu crime foi que ele, mesmo depois de fixar residência em Berlim Oriental e diariamente poder ver com os próprios olhos o que o comunismo fazia com as pessoas, ainda se manteve devoto à ideologia. A decepção de Hannah com a escolha de Brecht transparece no ensaio que escreveu sobre ele. Brecht deveria ter sido mais sábio.

Após o fim da guerra e os anos de exílio na Escandinávia e nos Estados Unidos, Bertolt Brecht voltou à Europa, pois a vida nos Estados Unidos começava a ficar desconfortável para ele. Em 1947, foi interrogado pelo Comitê de Atividades Antiamericanas do Congresso sobre sua relação com o comunismo e com a União Soviética. Logo após o interrogatório, ele viajou a Zurique, na Suíça, antes de fixar residência em Berlim Oriental, em 1949. Ali, escolheu ser leal para com o regime. Em seu ensaio, Hannah escreve que Brecht estava bem ciente da destruição causada por Stálin e do fracasso do comunismo, mas que seus sonhos revolucionários o desencaminharam. Desde o início, Brecht entendeu que o comunismo exigia atos maus para atingir seu objetivo, o paraíso dos trabalhadores: "Mal havia se juntado aos comunistas quando descobriu que, para transformar o mundo mau num mundo bom, não bastava 'não ser bom', mas era preciso que a própria pessoa se tornasse má, e para erradicar a vileza não devia haver nada vil que a pessoa não se dispusesse a fazer".

Brecht foi manipulado por um sistema maligno que se fez passar por bom, um sistema que pretendia tratar todos da mesma forma, mas que na realidade oprimia as pessoas e as mantinha acorrentadas à pobreza. Em *Buch der Wendungen* [O livro das reviravoltas], obra publicada postumamente, ele sugere com autoironia uma punição apropriada para "o bom homem que se desvirtuou":

Então ouça, sabemos
Que você é nosso inimigo. Portanto, agora
deve ficar contra a parede.
Mas em consideração a seus méritos
E boas qualidades,
Prometemos uma parede muito boa,
E atiraremos em você
Com boas balas de boas espingardas, e o enterraremos com
Uma boa pá num bom solo.

Hannah detestava os hipócritas, aqueles que ostentavam sua bondade como um uniforme e exibiam seus bons atos como se fossem pedras preciosas. Em *A condição humana*, Hannah faz referência aos sermões de Jesus sobre boas ações. Escreve, fundamentando sua convicção de que a política e a religião, a sociedade e a igreja devem se manter separadas:

A única atividade que Jesus ensinou, por palavras e atos, foi o ato da bondade, e inerente à bondade é a tendência de evitar ser vista ou ouvida. A aversão cristã à esfera pública, a propensão, pelo menos dos primeiros cristãos, a levar uma vida o mais distante possível da esfera pública, pode também ser interpretada como uma consequência natural da devoção às boas obras, independentemente de todas as crenças e expectativas.

E prossegue:

Pois é manifesto que, no instante em que uma boa obra se torna conhecida e pública, perde seu caráter específico de bondade, de ter sido feita apenas por bondade. Quando a bondade aparece em público, já não é mais bondade, embora ainda possa ser útil como caridade organizada ou como ato de solidariedade.

Hannah conclui afirmando que a bondade só pode existir quando não é praticada como bondade. "Quem se vê a si mesmo praticando uma boa obra deixa de ser bom", observa, como num eco a Kant.

A exigência kantiana de altruísmo absoluto é muito rígida, talvez rígida demais — é razoável dizer que uma ação com boas consequências é boa, não importando se quem a pratica se gaba de fazer o bem ou não. Ao julgar o valor moral de uma ação, podemos tomar como ponto de partida a intenção do autor ou as consequências da ação. Kant, como eticista do dever, acredita que a intenção é decisiva para o julgamento do valor moral de uma ação.

Um ponto fraco do argumento é a extrema dificuldade de avaliar a intenção de alguém. A alternativa é examinar as consequências da ação em vez da intenção do autor. Também precisamos refletir sobre que tipo de consequências, as imediatas ou as de longo prazo, as diretas ou indiretas. Além do mais, devemos nos perguntar sobre quem está incluído em nossa ponderação moral — em outras palavras, consequências para quem? Para mim? Para minha família? Para todos em meu país? Para todas as pessoas do mundo? Na análise do valor moral de uma ação, se ela é boa ou má, certa ou errada, temos de usar a razão antes de confiar em nossas reações emocionais.

A moralidade não é primariamente uma questão de sentimentos. Refletir sobre dilemas éticos e problemas morais requer razão e racionalidade. Precisamos argumentar e não sentir.

O antídoto para a maldade não é, como se poderia pensar instintivamente, a bondade, embora a maldade e a bondade sejam opostas. Hannah argumenta que o antídoto é reflexão e responsabilidade. Quando as pessoas param de pensar, refletir e escolher entre o bem e o mal, entre participar e resistir, então o mal aumenta. Em *Responsabilidade e julgamento*, ela diz que há riscos em considerar o paradoxo socrático de que "ninguém faz o mal voluntariamente" como uma descrição razoável da natureza humana. Pois essa suposição leva a outra, a saber, a de que "todos querem fazer o bem". A triste verdade é, escreve Hannah, que o mal é mais frequentemente praticado por pessoas que nunca decidiram ser boas ou más, por pessoas que não tomaram partido.

13. Um novo começo

No outono de 1940, Hannah e Heinrich percebem que serão obrigados a fugir. Precisam de ajuda, e nesse ponto Varian Fry entra na história. Fry era um jornalista americano que, depois de testemunhar o antissemitismo e o nazismo durante seu tempo como correspondente em Berlim, em 1933, decidiu salvar o maior número possível de judeus e intelectuais. Sob a patronagem da primeira-dama, Eleanor Roosevelt, ele criou uma rede clandestina em Marselha, o Comitê de Resgate de Emergência, que também colaborou com o consulado-geral americano da cidade. Juntamente com Miriam Davenport e Mary Jane Gold, a aranha da teia era Fry.

Hiram Bingham IV ocupava o cargo de vice-cônsul em Marselha na época e se responsabilizou pessoalmente pela emissão de milhares de vistos, tanto legais como ilegais, para pessoas que precisavam fugir. O Comitê de Resgate de Emergência conseguiria ajudar vários milhares de judeus e intelectuais antinazistas a sair da França e encontrar refúgio nos Estados Unidos. Hannah e Heinrich estavam entre os primeiros a receber vistos de emergência do consulado-geral americano. Graças ao trabalho de Hannah com a Aliyah da Juventude e ao fato de o casal ter sido previdente e se casar enquanto ainda era possível, Heinrich também recebeu um visto de emergência.

A rota de Hannah e Heinrich rumo à liberdade começa em Marselha. No final de outubro de 1940, eles pedalam de Montauban para a grande cidade portuária, uma pedalada de longas 24 horas, a fim de buscar os documentos que garantirão sua saída da França. Exaustos e famintos, chegam a Marselha na calada da noite. Hospedam-se num hotel, e sua fuga poderia ter tido um fim abrupto ali mesmo.

Logo cedo, na manhã seguinte, uma mensagem é enviada para o quarto deles, intimando Heinrich a se apresentar sem demora na recepção do hotel. O casal percebe que há perigo iminente, e a polícia está em seu encalço. Eles agem rápida, quase instintivamente. Com a maior calma, Heinrich desce até o lobby, deixa sua chave no balcão e sai do hotel antes que alguém note sua presença. Logo depois, Hannah o segue até o café escolhido como ponto de encontro. Depois de ter certeza de que Heinrich está seguro e de que ninguém o seguira, Hannah volta ao hotel para buscar seus poucos pertences, tomar café da manhã e pagar a conta.

No restaurante do hotel, tomando o café de chicória e mastigando seu pão com calma forçada, Hannah vê a recepcionista dirigindo-se a sua mesa para perguntar onde seu marido se encontrava. Era evidente que a recepcionista ajudava a polícia. Hannah percebeu que precisava convencê-la de que Heinrich não estava mais ali. Usou todo o talento dramático a seu dispor e criou uma cena: "Meu marido já foi à polícia!", gritou na voz mais histérica que pôde, berrando em tom acusatório: "Considero você responsável por sua segurança". O truque funcionou — a recepcionista, assustada, pediu desculpas e voltou para seu lugar atrás do balcão do lobby.

Até que ponto os franceses entenderam o que acontecia? Estavam cientes do perigo que ameaçava os judeus e aqueles que, assim como Heinrich, tiveram de fugir da Alemanha por suas convicções políticas? Naturalmente sabiam que o regime de Vichy era pró-alemão, mas talvez não se dessem conta da dimensão do que vinha ocorrendo.

Depois do reencontro no café, Hannah e Heinrich imediatamente saíram de Marselha, com os documentos bem guardados. Martha, a mãe de Hannah, ainda não havia recebido um visto de emergência, mas, depois da experiência desagradável em Marselha, Hannah e Heinrich perceberam que teriam de fugir sem ela. Hannah pediu à sua amiga Nina Gourfinkel, que estava em Montauban distribuindo cestas de alimentos da Suíça e kits emergenciais americanos para os numerosos refugiados da cidade, que cuidasse de Martha. Não foi uma decisão fácil para Hannah, mas a promessa de Nina de que cuidaria de Martha até ela também conseguir o visto para os Estados Unidos a tranquilizou um pouco.

Assim como Hannah havia previsto, a polícia francesa passaria a colaborar com a ss, a polícia política do partido nazista, na caça a judeus, membros da Resistência e comunistas. No decorrer do verão e do outono de 1942, 27 mil judeus apátridas foram deportados para Auschwitz, entre os quais 18 mil vindos de Paris e 9 mil da França de Vichy. Em 22 de janeiro de 1943, a polícia francesa iniciou uma operação conjunta com a ss contra a população judaica de Marselha. Doze mil policiais, convocados em toda a França, fizeram buscas de casa em casa: 1,5 mil edifícios foram destruídos e 40 mil identidades, verificadas. O resultado foi a detenção de 6 mil pessoas e o transporte de 4 mil delas para campos de internação em Drancy e Compiègne, de onde foram mandados para campos de concentração alemães. A colaboração da polícia francesa com a ss custaria a vida de muitos judeus.

Hannah e Heinrich se prepararam para sair tão logo a oportunidade se apresentasse. As malas foram feitas e os documentos —

vistos de emergência e passagens em transatlântico custeadas pela Sociedade de Ajuda aos Imigrantes Hebreus, a HIAS — garantidos. Liam minuciosamente todos os jornais que encontravam e ouviam as transmissões de rádio para calcular o momento certo de partir. No início de janeiro de 1941, surge uma oportunidade: o regime de Vichy flexibiliza temporariamente as regras rígidas de saída, e Hannah e Heinrich tomam o primeiro trem disponível para Portbou, a cidade fronteiriça espanhola onde Walter Benjamin se suicidara alguns meses antes. Dali, seguiriam com destino a Lisboa.

Espremida num desfiladeiro no sopé dos Pireneus, Portbou foi muito afetada pela Guerra Civil Espanhola. Metade dos habitantes da cidade morreu no conflito sangrento que devastou o país entre 1936-39 e culminou com a tomada do poder pelo general Francisco Franco. Em 1941, a cidade ainda se encontrava em estado de abandono, pois não havia dinheiro, nem tempo nem energia para reconstruir as casas bombardeadas.

Durante a guerra civil, os republicanos haviam fugido de Franco caminhando pelas montanhas para entrar na França via Portbou. Alguns deles acabaram em Gurs, o campo de internação de onde Hannah conseguira escapar. Entretanto, para os que fugiram do nazismo na Segunda Guerra, Portbou serviu como passagem para a Espanha, a caminho de Portugal e seu destino final nos Estados Unidos ou na Palestina. Calcula-se que cerca de 40 mil pessoas atravessaram a fronteira franco-espanhola entre 1940 e 1941, a maioria rumo a Portugal.

O cemitério da cidade fica numa pequena baía, com o mar como vizinho mais próximo. Hannah e Heinrich foram lá para procurar o túmulo de Benji. Hannah descreve a visita ao cemitério numa carta para seu amigo Gershom Scholem:

> Quando chegamos a Portbou, procuramos seu túmulo em vão. Não conseguimos encontrá-lo. Seu nome não estava em lugar al-

gum. O cemitério fica de frente para uma pequena baía, com vista direta para o Mediterrâneo. É composto de terraços esculpidos em pedra. Os caixões também estão embutidos nessas paredes de pedra. É de longe um dos lugares mais fantásticos e mais belos que vi na minha vida.

Depois de alguns dias em Portbou, Hannah e Heinrich seguiram viagem para Lisboa. Na década de 1940 Portugal era um país pobre, que se manteve neutro durante a Segunda Guerra, mas o presidente António Salazar permitiu a emissão de vistos de turista de trinta dias de duração para as pessoas em fuga. Apesar dessa ação, Salazar era pró-nazista. Ele simpatizava com os nacional-socialistas alemães e temia que os "comunistas judeus" causassem agitação social e política. Permitiu que os refugiados judeus passassem pelo território português, mas apenas para chegar a Lisboa, a porta de saída da Europa.

Dezenas de milhares de refugiados, judeus e não judeus, procuraram um refúgio na terra neutra de Portugal. Lisboa, com suas avenidas iluminadas, cafés noturnos e movimento, parecia um oásis para quem havia fugido de campos de internação, toques de recolher e sirenes antiaéreas. Antoine de Saint-Exupéry, o autor francês que escreveu, entre outros, *O pequeno príncipe*, descreve o clima assim: "Na Lisboa de 1940, a felicidade foi encenada para que Deus pudesse acreditar que ainda existia".

Alguns refugiados endinheirados tinham recursos suficientes para comprar assentos a bordo dos "navios voadores", as aeronaves da Pan American Airways que voavam entre a Europa e os Estados Unidos duas vezes por semana. No entanto, a maioria dos refugiados em Lisboa não dispunha de tantos meios. Para eles, restava a possibilidade de atravessar o Atlântico em um dos navios que saíam de Lisboa com destino a Havana, Filadélfia, Baltimore, Nova York ou Rio de Janeiro. Era difícil conseguir lugar, pois as únicas embarcações que podiam sair do porto sem risco de ser torpedeadas eram as que navegavam sob a bandeira de países neutros, Portugal e Estados Unidos.

Os portugueses não viam inteiramente com bons olhos o fato de que o país servia como corredor de trânsito para os que fugiam da guerra. Os refugiados passavam os dias nas cafeterias, bebendo café, fumando e conversando. A Pastelaria Suíça no Rossio era um ponto de encontro para os que viviam no exílio, os que estavam à espera. Ali eles se reuniam não apenas para socializar, mas também para negociar um lugar em algum navio conveniente. Os portugueses, em geral católicos devotos, olhavam com certo desgosto os judeus, seus trajes e suas maneiras, pois tendiam a ser mais cosmopolitas. Fonte de irritação eram sobretudo as mulheres judias, que fumavam em público, bebiam vinho e riam alto.

Hannah e Heinrich, por sua vez, levam uma vida mais reservada. Vivem num pequeno apartamento num prédio verde situado num bairro tranquilo de Lisboa, na Rua da Sociedade Farmacêutica. Passam os dias conversando, lendo e esperando. Primeiro aguardam a chegada da mãe de Hannah e depois contam os dias para conseguir seus concorridos lugares em algum navio transatlântico. Eles se revezam lendo um para o outro o manuscrito que Walter Benjamin lhes confiou, *Teses sobre o conceito de história*. Talvez aproveitem para relembrar os dias com Benji na casa de campo alugada nos arredores de Paris, logo antes da eclosão da guerra.

Em 10 de maio, após quase quatro meses em Lisboa, chega finalmente a chance de embarcar. Para Martha, é prometido um lugar em um navio que fará a travessia para os Estados Unidos dez dias depois da partida de Hannah e Heinrich. A bordo do *S/S Guiné*, um navio de carga convertido em embarcação de passageiros, Hannah e Heinrich deixam para trás a Europa, continente que tinha sido seu lar. Levaria muitos anos até que pudessem retornar.

O que se passou na cabeça de Hannah no momento em que o

S/S Guiné deixou o porto — e a Europa —, enveredando em águas por ela desconhecidas, rumo a um país e a um continente nunca antes visitados? Ela dá algumas pistas em "Nós, os refugiados":

> Perdemos nosso lar, o que significa a familiaridade de uma vida cotidiana. Perdemos nossa ocupação, o que significa a confiança de que temos alguma utilidade neste mundo. Perdemos nossa língua, o que significa a naturalidade das reações, a simplicidade dos gestos, a expressão espontânea dos sentimentos. Deixamos nossos parentes nos guetos poloneses, e nossos melhores amigos foram mortos nos campos de concentração, e isso significa a ruptura de nossas vidas privadas.

Hannah perdeu tudo, sua casa, sua língua, seu trabalho, sua família e seus amigos, seu lugar no mundo, tanto geográfico quanto existencial — tudo lhe foi tirado. A travessia do Atlântico não era apenas uma viagem para um novo país, e sim para uma nova vida. Era sobretudo uma viagem para a segurança, para longe da maldade que devastava a Europa, para longe da ameaça de internação e morte. Hannah não saiu do Velho Mundo em busca de uma vida melhor, pois já tivera exatamente a vida que queria; fugiu porque a existência que amava lhe foi tirada. Ela não seguia para algo, mas deixava tudo para trás. Hannah fugiu para preservar sua vida, não porque quisesse uma nova.

14. "Sem um lugar para chamar de meu"

Hannah e Heinrich desembarcaram nos Estados Unidos em maio de 1941, carregando uma mala cada um e com 25 dólares no bolso. De uma organização sionista americana, receberam uma mesada de setenta dólares, e em Nova York acharam um pequeno apartamento parcialmente mobiliado na West 95th Street, onde se instalaram, aguardando a chegada da mãe de Hannah de Portugal. O navio *M/S Muzinho*, que levou Martha, atracou no porto de Nova York em 21 de junho, e a pequena família tentou encontrar uma maneira de conviver nos poucos metros quadrados do apartamento escassamente mobiliado.

Quando chegaram a Nova York, Hannah estava com 35 anos e Heinrich com 42. Durante muito tempo haviam vivido no exílio, na França, aprendendo uma nova língua e se adaptando a um novo país, trocando de apartamentos e cidades, sendo internados e refugiados, vivendo na clandestinidade, perdendo bons amigos e membros da família e deixando outros amigos e familiares para trás. Finalmente, estavam seguros. Como seria a experiência de desembarcar num país que você nunca visitou, com uma língua que você não domina e uma cultura que você não compreende? Deve ser muito frustrante e ao mesmo tempo um alívio. Hannah e Heinrich já haviam começado do zero uma vez, na França, aprendendo o idioma, construindo uma existência com trabalho e amigos. Agora começariam tudo de novo.

No ensaio publicado no *The Menorah Journal* em janeiro de 1943, cerca de um ano e meio depois de sua chegada aos Estados Unidos, Hannah escreve sobre sua experiência de refugiada. O tom é direto, sincero, rebelde e frustrado. Ela não quer ser considerada vítima, não quer ser objeto de caridade, não quer ser chamada de refugiada. Descreve a aflição, o medo e a luta pela própria existência, a luta pelo direito de ser vista como indivíduo e não parte do conjunto de "refugiados". Luta pela dignidade e por construir uma vida própria e autônoma — e relata a alienação, tanto diante do novo país, os Estados Unidos, como diante da nova identidade como refugiada. O texto começa com uma espécie de declaração programática:

> Em primeiro lugar, não gostamos de ser chamados "refugiados". Nós mesmos nos chamamos "recém-chegados" ou "imigrantes". [....] Um refugiado costumava ser uma pessoa forçada a procurar refúgio devido a algum ato cometido ou alguma opinião política professada. Bom, é verdade que fomos forçados a procurar refúgio, mas não cometemos ato nenhum, e a maioria de nós nunca sonhou em ter alguma opinião política extrema. Conosco, o significado do termo "refugiado" mudou. Agora "refugiados" são aqueles de nós que tiveram a infelicidade de chegar a outro país sem recursos e precisam ser ajudados por comitês de refugiados.

A frustração de Hannah com a impotência inerente à condição de refugiado é manifesta. Ela protesta contra ser definida como vítima, como alguém que precisa de ajuda, como alvo da pena alheia, embora naturalmente entenda que sua situação é essa: uma vítima de perseguição injusta que foi forçada a fugir e, portanto, tem de contar com a ajuda de outras pessoas para navegar em sua nova existência. Hannah parece resistir à experiência de ser fraca, de depender dos outros. Está acostumada a ser forte, a ser quem cuida dos demais, não quem recebe cuidados.

Em julho de 1941, ela viaja para a pequena cidade de Winchester, Massachusetts, a uns quinze quilômetros de Boston, um lugar próspero e bastante pacato. Heinrich e Martha permanecem em Nova York. Por meio da Agência de Autoajuda para Refugiados, Hannah tem a oportunidade de morar com uma família americana durante um mês para aprender a língua. A família oferece comida, casa e conversação em troca de ajuda com alguns afazeres domésticos.

Em muitas e longas cartas, ela descreve sua estadia a Heinrich, expressando sentimentos mistos: na primeira carta, datada de 21 de julho, conta que o casal anfitrião, o sr. e a sra. Giduz, preparou sua chegada com a aquisição de um dicionário inglês-alemão e um quarto arrumado. A consideração dos dois impressiona Hannah, que, no entanto, não consegue deixar de descrevê-los como duas figuras um tanto cômicas:

> Ele se esforça enormemente por minha causa e tem uma sensação sombria de minha superioridade e o medo tipicamente americano de ser ridicularizado. Ótimo senso de humor. Sua esposa vive em medo constante de que eu leve algo a mal ou pense que estejam me explorando. É o cúmulo da comédia. Porque eu ajudo tanto ou tão pouco quanto teria feito na casa de qualquer família de amigos. E isso, mesmo que protestem.

Em todas as relações humanas, o poder é um componente. Quem tem a capacidade ou a possibilidade de criar, manter e romper um relacionamento? Ambas as partes, ou só uma delas? Hannah ainda estava sensível ao poder e às hierarquias e odiava se sentir impotente. Grosso modo, os relacionamentos podem ser divididos em dois tipos, os assimétricos e os simétricos, e o relacionamento que ela mantinha com o casal Giduz era assimétrico por natureza. Em um relacionamento simétrico, há igualdade entre as partes, e ambas têm o mesmo poder de moldar a relação, mas numa convivência assimétrica existe um desequilíbrio na relação de poder: "A" tem o poder, já que, de uma maneira ou outra, "B" está numa posição de dependência com respeito a ele, sendo reduzido a um objeto de exploração ou de cuidados.

Para uma pessoa orgulhosa como Hannah, é horrível ser reduzida a objeto. Ela queria reconquistar o poder sobre sua vida, assumir o controle da situação — e entendeu que para atingir seu objetivo seria preciso aprender e entender a língua, a cultura e os habitantes do país que lhe dera refúgio.

Numa carta posterior, Hannah escreve que está "muito feliz por ter decidido participar dessa experiência. Estou aprendendo muito mais sobre o país do que o próprio idioma. Não é exatamente reconfortante. Os jornais e os discursos no rádio aqui dão uma imagem completamente falsa, sobretudo quando se trata da atitude em relação à guerra".

O sr. e a sra. Giduz eram pacifistas. Sobre a dona da casa, Hannah comenta para Heinrich que "ela é contra todas as guerras e certamente está preparada para subir às barricadas por sua convicção", acrescentando: "Ela também está pronta para morrer por uma alimentação saudável. Uma alimentação saudável significa: 1. nada de carne; 2. nada de fritura (dieta biliar); 3. muitos vegetais, de preferência crus; 4. nada de pão branco". Enfim, Hannah fora parar na casa de um casal de pacifistas que eram vegetarianos convictos, odiavam nicotina e passavam os fins de semana observando pássaros.

Foi um choque cultural e tanto para Hannah, fumante inveterada, que passara grande parte dos últimos anos com fome e achava que os Estados Unidos deveriam declarar guerra contra a Alemanha. O estilo de vida e a atitude de seus anfitriões americanos a deixaram perplexa, e no entanto ela observou tudo com olhar de pesquisadora e, conforme escreveu para Heinrich, aprendeu muito sobre o novo país e seus habitantes.

No momento em que Hannah e Heinrich desembarcaram nos Estados Unidos, o país ainda estava fora da guerra travada na Europa. Sua nova pátria lutava para se reerguer após a grande crise que devastou o país na década de 1930. A quebra da Bolsa de 1929 havia dado um fim abrupto aos alegres anos 1920, caracterizados por despreocupação: a década que viu nascer o jazz, que viu as mulheres começarem a usar o cabelo curto e as pessoas terem tempo de ir ao cinema e de ouvir rádio. Ironicamente, os felizes anos 1920 coincidiram com a era da Proibição. Toda produção, importação e venda de álcool foi proibida em 1920, fazendo florescer os "*Speakeasies*", ou bares clandestinos, onde se bebia álcool e se dançava. Depois da miséria da Primeira Guerra, as pessoas queriam se divertir. No entanto, quando os anos 1920 chegaram ao fim, a tranquilidade acabou.

Na sequência da quebra da Bolsa, veio a crise econômica, agravada pelo fato de que os avanços tecnológicos da época levaram muitos trabalhadores a tornar-se dispensáveis. Com a substituição de pessoas por máquinas, o desemprego disparou, e com o aumento do desemprego o poder de compra diminuiu. O reduzido poder de compra, por sua vez, fez com que a indústria tivesse dificuldade em obter lucro com seus produtos, levando à demissão de um número ainda maior.

Em 1933 o presidente Franklin D. Roosevelt lançou o *New Deal*, ou o Novo Acordo, um programa de reformas que visava diminuir o desemprego e tirar o país da crise. Por meio do apoio à indústria e à agricultura, bem como investimentos no setor público e na construção de estradas, as pessoas voltaram a trabalhar e a ganhar dinheiro, podendo consumir outra vez. Em 1933, ano da implementação do Novo Acordo, 15 milhões de americanos estavam desempregados. Em 1937 o número havia baixado para 7 milhões, e em 1941 tornara-se ainda menor.

O casal Giduz, os anfitriões de Hannah em Massachusetts, estava entre os milhões de americanos afetados pela crise econômica. Em 28 de julho ela escreveu para Heinrich:

> Quinta-feira à noite a dona da casa me contou que seu marido ficou desempregado por onze longos anos e quase enlouqueceu. E isso apesar de, com a renda dela, terem o suficiente para viver e ter um carro e pagar a casa. Os efeitos do desemprego são exatamente os mesmos que conhecemos, ainda que não haja risco imediato de passar fome. Ele se recusou a comer e coisas assim. Várias vezes ela esteve quase a ponto de deixá-lo. E não podiam ter filhos, uma grande tristeza. Embora com um interesse muito acima da média por uma infinidade de coisas, durante anos ele só dormiu.

Perder o emprego e ficar sem contexto é uma experiência profundamente deprimente. Quando uma pessoa perde seu contexto, as bases de sua existência são abaladas. "Centenas de milhares de famílias aqui passaram pela mesma coisa, e ninguém pode entender esse país sem levar em consideração o fator do desemprego e a falta de trabalho", escreveu Hannah para Heinrich. Quando ela estava morando com o casal, o sr. Giduz finalmente conseguiu um emprego, mas sob condições bastante precárias: podia perdê-lo a qualquer momento.

Será que o coração de Hannah amoleceu um pouco à luz das novas informações sobre a família Giduz, a respeito de quem já havia se expressado com leve ironia? "Fiquei muito impressionada com a história, sobretudo pelo fato de que tão logo as coisas melhoraram um pouco, ela imediatamente começou a ajudar uma refugiada, sentindo que tinha de fazer algo o mais rápido possível. Incrível, não?" Depois que a sra. Giduz expôs suas fraquezas e as de seu marido, eles logo ficaram mais em pé de igualdade com Hannah. O desequilíbrio de poder diminuiu. Todos eram, a seu modo, vítimas de circunstâncias sobre as quais não tinham controle, e todos, tanto o casal Giduz como Hannah, lutavam para assumir as rédeas da situação, dominar seu destino e restaurar seu orgulho.

15. A forasteira

Hannah lutou para construir uma nova existência e, ao mesmo tempo, lamentou a perda da vida que foi forçada a deixar para trás. Sentia saudade de sua terra natal, uma saudade que nunca cessou, embora viesse a amar os Estados Unidos. Estava com saudade de quê? Numa discussão com Karl Jaspers, ela havia alegado que não era alemã. Ele, irritado, a repreendera dizendo que naturalmente era alemã. "Cidadã alemã, mas não alemã", respondeu Hannah. Sentia-se como uma forasteira, como *Das Mädchen aus der Fremde* [A moça do exterior] do poema de Schiller. Heinrich também costumava chamá-la assim: a donzela de terras longínquas, a forasteira.

Apesar de tudo, ela sentiu saudade de casa a vida inteira. Quem sabe sentisse falta de um estado de ser e não de um lugar geográfico — a Europa onde cresceu e se tornou adulta? Na entrevista com Günter Gaus, Hannah reflete sobre sua relação com a Europa e o idioma alemão, *die Muttersprache* [a língua-mãe], afirmando: "O que fica é a língua materna". Estar em sua língua é estar em casa, pois a língua representa a continuidade. A língua alemã era a terra-mãe de Hannah, e, como disse na entrevista de 1964: "Não foi a língua alemã que enlouqueceu". O país podia estar perdido, mas a língua permaneceria sua terra-mãe até a morte.

A poeta e vencedora do prêmio Nobel Nelly Sachs, que, assim como Hannah, precisou deixar seu país natal para salvar a vida, descreve isso da seguinte maneira no poema "Se vier alguém de longe": "O forasteiro leva sempre/ sua pátria nos braços/ como um órfão/ que talvez nada mais busque/ do que um túmulo".

Quando Nelly escreveu o poema, sua pátria não existia mais. Depois de 1944, não havia nenhum lar na Europa Central para Hannah nem para Nelly. Àquela altura, Hannah vivia nos Estados Unidos e Nelly, na Suécia, o país para onde fugira em 1940. O povo judeu havia sido desterrado, e um número inconcebível fora massacrado. Em 1946, Hannah escreveu sobre seu luto e sua saudade do lar perdido:

> *A tristeza é como uma luz acesa no coração,*
> *A escuridão é como um vislumbre que penetra nossa noite.*
> *Precisamos apenas acender a pequena chama da desolação*
> *Para encontrar o caminho de casa feito sombras na noite longa e vasta.*
> *O bosque, a cidade, o caminho e a árvore são iluminados.*
> *Bem-aventurado quem lar não tem, ele ainda o vê no sonho.*

Talvez Hannah estivesse fazendo referência a uma estrofe de Friedrich Nietzsche. Ele não escreveu apenas textos filosóficos, mas, assim como Hannah, também poesia. Um de seus poemas mais conhecidos, *"Vereinsamt"*, ou "Solidão", inclui os versos *"Wohl dem, der jetzt noch — Heimat hat"* e *"Weh dem, der keine Heimat hat!"*: "Bem-aventurado quem agora ainda tem lar" contra "Ai de quem lar não tem!". Nietzsche articula, como Hannah e Nelly, a mesma atitude de duplo sentido em relação à terra-mãe, à terra natal e o amor a ela.

O que é uma terra natal, uma pátria? Um lugar que você reconhece, um lugar onde se sente em casa, um lugar onde está entre amigos, um lugar onde se sente seguro. Tanto Hannah como Nelly Sachs foram privadas disso. O lugar que pensavam ser delas nunca existiu. "Bem-aventurado quem lar não tem, ele ainda o vê no sonho", escreve Hannah. E Nelly Sachs procura um túmulo onde deitar o peso que carrega, o peso da pátria em seus braços.

Hannah cresceu em Königsberg, cidade da Prússia Oriental que depois da guerra foi anexada pela União Soviética e recebeu o nome de Kaliningrado, mas os laços de sua família com a cidade não se estendiam mais do que algumas poucas gerações. Seus antepassados vieram de outros lugares. Os avós maternos, Jacob e Fanny Cohn, deixaram a Rússia em 1853, e os avós paternos, Max e Johanna Arendt, também tinham antecedentes russos.

A história da família de Hannah não é única. Muitos dos refugiados judeus que chegaram aos Estados Unidos em consequência da Segunda Guerra haviam andado de país em país e não tinham mais um lugar para chamar de casa. Como Hannah observa em uma das cartas que envia a Heinrich enquanto está com o casal Giduz em Winchester, este também é o caso de muitos americanos. Sua história no país não é longa, e eles estão muito preocupados com suas origens: "Aqui, três gerações depois, você ainda é o que seus antepassados eram. Por exemplo, a dona da casa me contou que outro dia um sueco visitou seu escritório — e seus pais nasceram aqui!".

16. O fim da guerra

Hannah estava muito irritada com a imagem errônea que, a seu ver, a mídia americana pintava da guerra na Europa: "Basicamente, ninguém quer a guerra, e ninguém a compreende, ninguém parece ter a menor ideia do que se trata", escreve ela numa carta para Heinrich, de Winchester.

O povo americano, finalmente emergindo de uma profunda depressão econômica, não estava muito interessado em entrar em guerra, especialmente não em outro continente.

Isso mudaria. No dia 7 de dezembro de 1941, alguns meses depois de Hannah ter deixado o casal Giduz em Winchester e se reunido a Heinrich e sua mãe em Nova York, as condições mudaram. No início daquela manhã, a frota aérea da Marinha Imperial japonesa lançou um ataque à base naval de Pearl Harbour em Oahu, Havaí. Trezentos e cinquenta e três bombardeiros japoneses investiram contra a base, afundando vários navios e destruindo 188 aeronaves americanas. Houve 2402 mortos e 1282 feridos.

O ataque foi um choque para o povo americano. O apoio popular à estratégia isolacionista de manter os Estados Unidos fora da guerra, até então forte, desapareceu. No dia seguinte ao ataque de Pearl Harbour, os Estados Unidos declararam guerra contra o Japão, marcando a entrada do país na Segunda Guerra Mundial. O bombardeio japonês a Pearl Harbour foi o que se chama um ataque-surpresa, sem aviso prévio, em contravenção ao direito internacional e às boas práticas. Em seu discurso à nação, o presidente Franklin D. Roosevelt definiu o 7 de dezembro como "uma data que viverá na infâmia".

O pano de fundo para o ataque a Pearl Harbour foi que os Estados Unidos, juntamente com o Reino Unido e a Holanda, haviam congelado todos os ativos comerciais do Japão na tentativa de impedir a expansão japonesa no Sudeste Asiático e pôr fim à guerra entre o Japão e a China. À altura do ataque não anunciado, os japoneses estavam em negociações com os Estados Unidos, que, para levantar o embargo, exigiram que o Japão se retirasse da China e deixasse o Pacto Tripartite, assinado pela Alemanha, pela Itália e pelo Japão em setembro de 1940. O país asiático não estava disposto a aceitar tais condições, optando por atacar Pearl Harbour na esperança de que a retirada da frota americana do Pacífico forçasse os Estados Unidos a negociar a paz.

Uma vez que o Japão fazia parte do Pacto Tripartite, a declaração de guerra de Roosevelt ao Japão foi, na prática, uma declaração de guerra à Alemanha e à Itália, além de envolver Hungria, Romênia, Eslováquia, Bulgária, Iugoslávia e Croácia, que também eram signatários do acordo. As três potências do Eixo, assim como os outros países do Pacto, haviam prometido ajuda e suporte mútuo no caso de ataque de uma potência estrangeira. Assim que os Estados Unidos declararam guerra ao Japão, os demais membros do Pacto correram em defesa dos japoneses. Apenas três dias após a declaração de guerra de Roosevelt, Hitler anunciou que a Alemanha se juntava ao Japão.

Ironicamente, a participação dos Estados Unidos na guerra

foi o que tirou o país da crise econômica. Quando os homens rumaram para a linha de frente, as mulheres fizeram sua entrada no mercado de trabalho e a economia teve um forte impulso graças à demanda por aeronaves e tanques de guerra. A indústria do entretenimento também sentiu o impacto: Mickey Mouse e o Super-Homem se alistaram, o trio The Andrews Sisters entreteve os soldados americanos com suingue e boogie-woogie, e Marilyn Monroe ganhou fama.

Aos dezenove anos, Monroe, que àquela altura ainda se chamava Norma Jeane, foi descoberta por um fotógrafo que visitou a fábrica de munições onde ela trabalhava. As fotos da loira sorridente e escassamente vestida ganharam imensa popularidade entre os soldados, e as pinups passaram a adornar casernas e cabines. Marilyn e outras mulheres curvilíneas também eram retratadas nos bombardeiros, as chamadas *"nose art girls"* [ilustrações de mulheres seminuas feitas no nariz dos aviões]. A atitude permissiva em relação a saias mais curtas, decotes generosos, danças provocadoras e letras sugestivas foram uma expressão de solidariedade para com os jovens soldados: a imoralidade era simplesmente necessária para o moral de guerra. Os jovens que estavam longe de casa precisavam de algo para se animar. Entretanto, o período da guerra acabou sendo um parêntese, pois os anos que se seguiram ao fim do conflito foram particularmente recatados. O ideal da família americana dos anos 1950 era algo bem diferente da libertinagem relativa da década de 1940.

Com a guerra como pano de fundo constante, Hannah e Heinrich lutaram para encontrar emprego, sustento e contexto. Hannah, que tinha mais facilidade para aprender línguas do que Heinrich, teve mais sucesso em se estabelecer. Procurou os círculos sionistas de Nova York e, por meio de contatos, teve a oportunidade de escrever colunas no jornal germanófono *Aufbau*, que era distribuído a refugiados de língua alemã no mundo inteiro.

Escrever em alemão não era de todo incontroverso nos círculos intelectuais de Nova York. O influente filósofo político Leo Strauss postulava que nenhum judeu nunca mais devia ter algo a ver com a Alemanha. Ele, assim como o círculo de acadêmicos e escritores que o rodeavam, era da opinião de que tudo que tinha a ver com a Alemanha devia ser boicotado: a filosofia, a literatura, a música, a arte, e, sim, até o próprio idioma alemão.

Hannah não acreditava na culpa coletiva, nem naquela época nem depois, e mantinha sua relação com a Alemanha, sobretudo por meio da língua.

Heinrich foi atingido por um profundo sentimento de melancolia, uma tristeza pelo estado do mundo e sua própria incapacidade de melhorá-lo, que quase o paralisou. Sem dominar o idioma e sem uma educação formal, ele não tinha como se sustentar com o trabalho intelectual que fora seu ganha-pão na Europa. No novo país ele não era nada. Para Martha, isso reforçou sua convicção de que a filha havia se casado com um inútil. É fácil imaginar que o clima no apertado apartamento de Nova York não era dos melhores. Três pessoas, que, juntas e individualmente, tentam encontrar um lugar num país novo, entender uma nova língua e uma nova cultura, enquanto uma guerra mundial assola o velho continente, e os amigos e parentes que deixaram para trás vivem em constante perigo de morte.

Martha, que à chegada aos Estados Unidos tinha 67 anos, cuidava da casa e cozinhava para a pequena família, tarefa nada simples, dado o parco orçamento alimentar e a falta de uma cozinha própria no pequeno apartamento, pois os inquilinos dividiam cozinha e banheiro. Martha tinha grande dificuldade de aprender inglês, se sentia isolada, e a ansiedade causada pelos anos de guerra não passava.

Então, finalmente, veio a paz. Em 8 de maio de 1945, Hannah

e Heinrich receberam a notícia de que a Alemanha havia capitulado e Hitler estava morto.

Foi uma Europa devastada que festejou o fim da guerra. Em Paris, Amsterdã e Londres as pessoas dançavam nas ruas, contra um pano de fundo de edifícios bombardeados. Quase 80 milhões de pessoas haviam morrido em consequência da guerra, e cerca de 6 milhões de judeus foram assassinados. Milhões de pessoas perderam tudo o que possuíam, ficando sem teto. A destruição material e econômica era enorme. Indústrias tinham sido bombardeadas e arrasadas. Ainda assim as pessoas comemoravam. Até que enfim a guerra acabara!

Os Estados Unidos também estavam em festa. O presidente Harry Truman dedicou o dia a seu antecessor, Franklin D. Roosevelt, que falecera em 12 de abril do mesmo ano, menos de um mês antes do Dia da Vitória. Hannah e Heinrich estavam com amigos em Connecticut quando receberam a boa-nova. Brindaram com champanhe e torceram intensamente para que enfim pudessem retomar o contato com os amigos que tinham ficado na Europa durante a guerra. Em pouco tempo, as cartas começaram a chegar da França, e, para grande alegria de Hannah, Anne Mendelsohn Weil, uma de suas amigas mais antigas, estava viva. Anne tinha colaborado com a Resistência Francesa durante a guerra, e seu marido Eric fora internado num campo de prisioneiros alemão, mas os dois sobreviveram.

Em setembro de 1945, Hannah recebeu uma carta que a deixou extremamente feliz: Karl Jaspers, com quem não tivera contato desde a fuga da Alemanha, em 1933, lhe escreveu através do serviço de correios do exército americano. Para Hannah, a carta de Jaspers tornou-se um elo com o passado, com a existência e com o país que um dia fora dela, a Alemanha.

17. O direito a direitos

Dezoito longos anos depois de fugir da Alemanha, Hannah se tornou cidadã americana. Em 1951, ela finalmente ganhou uma terra, um povo ao qual pertencer e um país que a abrigava. A filosofia política de Hannah foi formulada durante seus anos de apátrida, enquanto vivia sem os direitos conferidos ao indivíduo pela cidadania. Portanto, talvez seja surpreendente que ela mostrasse pronunciado ceticismo diante da ideia de direitos humanos universais. Em *Origens do totalitarismo*, ela observa, com certa mordacidade:

> Somente ficamos conscientes da existência do direito de ter direitos (e isto significa viver numa estrutura onde a pessoa é julgada por suas ações e opiniões) e do direito de pertencer a algum tipo de comunidade organizada quando surgiram milhões de pessoas que, devido à nova situação política global, haviam perdido esses direitos e não podiam recuperá-los. [...] O direito que corresponde a essa perda e que nunca foi sequer mencionado entre os direitos humanos não pode ser descrito segundo as categorias do século

XVIII, pois estas pressupõem que os direitos emanam diretamente da "natureza" do homem. [....] O direito de ter direitos, ou o direito de cada indivíduo de pertencer à humanidade, deveria ser garantido pela própria humanidade.

Na passagem acima, Hannah se refere à discussão histórica sobre os direitos humanos como naturais, uma consequência de alguma natureza humana essencial. Seu problema com a noção de natureza humana é considerar o ser humano como apenas uma substância, um objeto, o que não constitui uma definição satisfatória. De acordo com Hannah, o ser humano tem capacidade de questionar a si próprio, um ser com autoconsciência, e é com referência a esses requisitos que podemos argumentar a favor do direito de ter direitos. Isso significa que os direitos humanos não são garantidos nem pela história, como estabelecido pela Magna Carta britânica por ocasião da gloriosa revolução de 1688, nem pela natureza, como alegaram os filósofos do Iluminismo. Hannah acredita que apenas as próprias pessoas podem garantir os direitos humanos a outras pessoas.

Hannah faz referência a uma longa discussão sobre o valor do ser humano: o que, na verdade, dá valor ao homem? O conceito de "dignidade humana" geralmente remete a um valor único do indivíduo, um valor intrínseco, ou seja, um valor em si mesmo. A ideia do valor do ser humano significa que lhe é atribuído um valor inerente precisamente por ser humano, e, porque todos possuem esse valor, todos são iguais. Esta é a convicção que garante os direitos humanos: os direitos humanos derivam do princípio da dignidade humana.

Na história das ideias, o valor do ser humano muitas vezes foi justificado com base em crenças ou em qualidades religiosas. Os argumentos teologicamente motivados giram em torno da ideia da imagem de Deus, *Imago Dei*. Uma vez que o ser humano foi criado à imagem de Deus, ele possui um valor infinito e inviolável. Por não acreditar em Deus, Hannah justificou o valor do ser humano com referência às qualidades humanas. Ela optou por se concentrar na autoconsciência, aderindo à tradição platônica e aristotélica.

Giovanni Pico della Mirandola defendeu o valor e os direitos especiais do ser humano já em 1486, na obra *Discurso sobre a dignidade do homem*. Situou o valor do humano em sua natureza e em suas qualidades: o homem é livre e responsável, portanto possui certos direitos. Infelizmente, a noção de que o ser humano tem direitos especiais não impediu as pessoas de tratarem umas às outras com crueldade, como observa Hannah. Os direitos humanos não funcionam como metafísica nem como ideologia, o valor do ser humano precisa ser confirmado de forma concreta, por outros seres humanos de carne e osso.

Na prática, não existe dignidade humana se não a concretizarmos por meio de nossas ações. Hannah entendeu isso, portanto argumentou que apenas a humanidade pode garantir o valor e os direitos dos seres humanos. Aqui, porém, reside um problema, a seu ver: a humanidade pode de repente, por decisão da maioria, resolver eliminar um povo inteiro. É difícil confiar na boa vontade ou na suposta bondade dos outros.

A propósito, "o direito de ter direitos", como Hannah caracteriza a situação do apátrida, não é o suficiente para animar quem quer que seja. A filósofa Seyla Benhabib faz a seguinte reflexão, citando a definição de Hannah:

> O "direito de ter direitos" tornou-se uma expressão bem conhecida para capturar a situação precária do apátrida, do refugiado, do requerente de asilo e das pessoas deslocadas, ou seja, a situação daqueles que foram banidos da estrutura "onde a pessoa é julgada por suas ações e opiniões".

Para que os direitos sejam respeitados, é necessária uma estrutura — um país, um estado, uma cidadania — que forneça esse contexto. De que vale um direito se ninguém é obrigado a cumpri-lo? Se todos, o mundo inteiro, têm a mesma responsabilidade pela realização desses direitos, existe um risco iminente de que ninguém assuma essa responsabilidade.

Em 1948, a ONU proclamou a Declaração Universal dos Direitos Humanos no intuito de criar um enquadramento moral universal que reconhecesse e protegesse os direitos de todas as pessoas. Hannah era muito crítica, argumentando que há uma complexa relação contraditória entre os direitos humanos universais e os direitos civis baseados na cidadania.

Em *Origens do totalitarismo*, ela desenvolve suas ideias sobre a relação entre direitos e Estados:

> Afinal, os Direitos Humanos foram definidos como "inalienáveis" porque pretendiam ser independentes de todos os governos. Porém, no momento em que havia seres humanos que careciam de um governo próprio e tinham de recorrer a seus direitos mínimos, ficou evidente que não restava nenhuma autoridade para protegê-los e nenhuma instituição disposta a garanti-los.

À luz do colapso dos direitos dos judeus nas décadas de 1930 e 1940, Hannah percebeu que os direitos humanos na prática não podem ser realizados fora do Estado-nação. Quando as pessoas são privadas de sua cidadania, inevitavelmente são deixadas fora da lei: os que mais necessitam de proteção, os apátridas e os refugiados, não têm seus direitos atendidos, enquanto os que possuem um vínculo formal com um Estado por meio de sua cidadania têm acesso a direitos fundamentais. Sem dúvida, há uma tensão entre o ideal de que "todas as pessoas nascem livres e iguais em dignidade e direitos" e o fato de que só podemos atingir a igualdade dentro de uma comunidade política definida: a estrutura na qual a pessoa "é julgada por suas ações e opiniões", como diz Hannah. No ensaio "O direito de ter direitos", ela argumenta que a cidadania é o requisito essencial para termos nossos direitos humanos respeitados.

Hannah escreveu "O direito de ter direitos" em 1949, quatro anos depois do fim da guerra e em meio a uma crise de refugiados. "O mundo não viu nada de sagrado na nudez abstrata de ser apenas humano", observa sem rodeios. No ensaio, elabora sua tese de que os direitos humanos até então somente foram realizados na forma de direitos civis. Invocar direitos se faltar um Estado ao qual cobrá-los não funciona; portanto, o direito a direitos deve ser reformulado como o direito à cidadania.

De acordo com Hannah, o egoísmo inerente aos Estados significa que as pessoas têm maior chance de ver seus direitos defendidos se recorrerem a seu próprio governo em vez de procurar alguma abstrata organização internacional. Apenas os Estados, apesar de seu péssimo histórico e de seus fracassos, são capazes de oferecer a seus cidadãos uma proteção constitucional abrangente que também possa ser garantida.

O princípio fundamental por trás do movimento que levou à Convenção das Nações Unidas sobre os Direitos Humanos foi a ideia de que todos os seres humanos compartilham a mesma natureza, as mesmas necessidades e as mesmas aspirações, independentemente de etnicidade, gênero, religião e nacionalidade. Segundo Hannah, porém, os refugiados e os sobreviventes dos campos de concentração revelaram que "a nudez abstrata de não serem nada além de humanos representava seu maior perigo".

A lição que o Holocausto nos ensinou foi que ser considerado humano não basta para nos proteger de atrocidades. É preciso cidadania.

18. O Holocausto

"Sabe, o momento decisivo não foi o ano de 1933, ao menos não para mim. O momento decisivo foi o dia em que tomamos conhecimento de Auschwitz", revela Hannah na entrevista a Günter Gaus.

No final do outono de 1942, histórias horrendas sobre campos criados para exterminar os judeus começaram a aparecer na imprensa americana. No início, Hannah e Heinrich tiveram dificuldade de aceitar os relatos: "No começo não acreditávamos nisso", conta Hannah a Gaus, "porque ia contra toda lógica e necessidade militar".

Sobretudo Heinrich estava cético. Que razão poderia haver para a construção de campos de extermínio? O que os alemães teriam a ganhar com isso? "[Ele] me disse: não se deixe levar por histórias. Eles jamais fariam isso!", explica ela. Meio ano mais tarde foram convencidos, sendo obrigados a reconhecer que os nazistas eram capazes de atrocidades maiores do que jamais poderiam ter imaginado.

Aufbau, a publicação para a qual Hannah escrevia regularmente, esteve entre os primeiros veículos a noticiar as monstruosidades inimagináveis que se passavam nos campos de concentração dos nazistas. Em 18 de dezembro de 1942, a *Aufbau* publicou uma lista dos que foram deportados de Gurs para os campos de concentração, páginas e mais páginas de nomes de pessoas enviadas para uma morte quase certa. O nome de Hannah poderia ter constado daquela lista. Ela, porém, estava entre os afortunados que conseguiram escapar. Aos poucos ficou claro para Hannah que os nazistas estavam em vias de lidar com "a questão judaica" de uma vez por todas.

O Holocausto era inconcebível, "algo completamente diferente", nas palavras de Hannah, algo que "nunca deveria ter acontecido". Em 1943, quando ela tomou conhecimento de Auschwitz pela primeira vez, apenas uma fração das atrocidades que lá ocorriam era de conhecimento público. Auschwitz era "uma indústria", ou, como dizia Hannah, "uma fábrica de cadáveres". As câmaras de gás, com seus crematórios anexos, tinham a capacidade de matar vários milhares de pessoas de uma vez.

A maioria de nós sabe como eles procediam. Os prisioneiros eram levados para um vestiário sob o pretexto de que tomariam banho e passariam por uma desinfecção. Eles se despiam e passavam para um espaço que parecia uma sala de chuveiros coletivos, mas que de fato era uma câmara em que um gás letal, o Zyklon B, originalmente destinado ao despiolhamento, era despejado pelo teto. Dentro da câmara de gás disfarçada de banheiro coletivo, as pessoas morriam por sufocamento. Depois, os mortos eram arrastados por prisioneiros ainda vivos até um elevador que os transportava para o crematório no térreo.

Tudo era muito eficiente, e o cérebro por trás dessa implacável indústria de assassinatos era Reinhard Heydrich, chefe do serviço de segurança alemão. Em 31 de julho de 1941, Herman Göring emitiu uma ordem escrita à ss para "preparar uma solução final para a questão judaica". Heydrich foi nomeado o principal responsável por organizar a operação e iniciou-se uma atividade frenética com o objetivo de eliminar todos os judeus da Europa controlada pelos nazistas. A solução final envolveu o genocídio do povo judeu, uma aniquilação física completa.

Durante anos, Heydrich havia tramado planos para se desfazer da população judaica. Ele tinha cogitado diversas alternativas, e a proposta inicial era deportar todos os judeus para a então colônia francesa de Madagascar, o chamado Plano Madagascar. A proposta falhou devido a extensos problemas logísticos, causados entre outros pela guerra naval em curso entre a Grã-Bretanha e a Alemanha. A deportação para a Sibéria também foi considerada, mas Heydrich concluiu que o mais eficaz seria sacrificar os judeus, uma solução ágil e econômica.

Entretanto, a execução de um número tão grande de pessoas implicaria dificuldades imprevistas. Em 1939 havia mais de 9 milhões de judeus vivendo na Europa. Apenas na Polônia, que era ocupada pela Alemanha, o número de judeus chegava a 3,3 milhões, e na Rússia, a 3,2 milhões. Quase 250 mil ainda viviam na Alemanha na época, e a França abrigava 350 mil judeus, mais da metade dos quais tinha cidadania francesa. Muitos judeus também moravam na Bélgica, na Holanda, na Grécia, na Noruega e na Dinamarca.

Matar a tiro tantas pessoas levaria muito tempo e gastaria quantidades excessivas de munição. Além do mais, Heydrich se preocupava com os efeitos psicológicos nos soldados encarregados de assassinar grande número de homens, mulheres e crianças. Experiências anteriores lhe haviam ensinado que poucas pessoas eram capazes de sistematicamente matar outros seres humanos sem sofrer de ansiedade e, em alguns casos, perder o juízo.

Portanto, Heydrich precisava encontrar outro método para matar os judeus que não fosse o fuzilamento. Gás tinha sido utilizado antes, durante a chamada operação Aktion T4, destinada a assassinar portadores de deficiências e doentes mentais nos institutos de eutanásia.

Já em 1939 iniciou-se o extermínio sistemático de pessoas com deficiência, ou "vidas inúteis", como eram denominadas pelos nazistas. No início foram mortos com injeções, mas esse procedimento se mostrou muito demorado e trabalhoso. Por sugestão de um especialista do Departamento Nacional de Investigação Criminal foi decidido mudar o método de execução. O especialista em questão argumentou a favor da asfixia por monóxido de carbono, o que acabou funcionando muito bem. Heydrich levou essa experiência em consideração ao planejar sua solução final.

Em janeiro de 1942, ele estava pronto para apresentar sua proposta e convocou uma conferência em Wannsee, um subúrbio de Berlim. Quinze pessoas compareceram à reunião de noventa minutos, num palacete de propriedade da ss. Heydrich presidiu, e o *ss--Obersturmbannführer*, o tenente-coronel Adolf Eichmann, lavrou a ata. Foi apresentada uma relação das populações judaicas na Europa, compilada por Eichmann, e Heydrich comunicou aos demais seu plano para exterminar o povo judeu: de maneira organizada, eles seriam recrutados para trabalhos forçados no Leste Europeu, por exemplo, em extensos projetos rodoviários na Bielorrússia e na Ucrânia. Heydrich calculou que um grande número sucumbiria à exaustão. Eles simplesmente trabalhariam até a morte. Os judeus inaptos para esse tipo de trabalho seriam mandados para a morte em campos de extermínio também no leste da Europa.

Heydrich apresentou o caso em menos de uma hora. Depois se seguiram trinta minutos para perguntas e discussão. Por fim foram debatidos vários métodos de execução. Eichmann e o *ss-Gruppenführer* Heinrich Müller, chefe da Gestapo, a polícia secreta nazista, frisaram as vantagens dos métodos usados no programa de eutanásia, a saber, a asfixia por gás. De acordo com o depoimento feito por Eichmann em 1961, no processo contra ele em Jerusalém, Heydrich expressou grande satisfação após a conferência, quando os dois, juntamente com Müller, relaxavam em frente à lareira.

O processo de desumanização iniciado em 1933 com o *Gleichschaltung*, a legislação antijudaica, a propaganda antijudaica e a discriminação de judeus culminou nos campos de extermínio — em Sobibór, Treblinka, Belzec, Chelmno, Majdanek e Auschwitz-Birkenau. Os judeus não eram mais considerados seres humanos com dignidade e direitos, e sim um problema a ser resolvido, mais ou menos como ervas daninhas numa horta. Deveriam simplesmente ser exterminados.

Majdanek, localizado a poucos quilômetros da cidade polonesa de Lublin, foi o primeiro grande campo de extermínio a ser libertado. Estima-se que aproximadamente 150 mil prisioneiros foram levados para lá entre 1942-44, dos quais 78 mil foram executados ou morreram de fome e febre tifoide. Em julho de 1944, os prisioneiros sobreviventes foram libertados pelo Exército Vermelho e, em 27 de janeiro de 1945, as tropas soviéticas chegaram a Auschwitz-Birkenau, também situado na atual Polônia. O Exército Vermelho esperava forte oposição dos alemães, no entanto, não houve resistência, pois eles já haviam fugido. Antes de abandonarem o enorme campo da morte cercado por arame farpado, explodiram as câmaras de gás e os crematórios. O extenso arquivo foi destruído, e 60 mil prisioneiros foram forçados a sair em uma marcha da morte, num inverno rigoroso, rumo aos campos de concentração na Alemanha.

No campo restavam centenas de cadáveres que os alemães não tiveram tempo de incinerar antes da fuga, além de cerca de 7 mil prisioneiros fracos ou doentes demais para deixar o campo. Quem viu as imagens da libertação de Auschwitz jamais as esquece: atrás do arame farpado, as crianças de uniformes listrados desproporcionais, as pilhas de sapatos deixados pelos mortos, os homens e as mulheres emaciados com olhos grandes demais.

Depois da libertação de Auschwitz-Birkenau, os outros campos de concentração e extermínio também foram libertados. Embora os alemães tivessem tentado apagar os rastros, sobravam amplas provas de suas atrocidades, dos crimes monstruosos que haviam cometido. Os soldados que participaram da libertação dos campos falavam de montanhas de dentes postiços, armações de óculos e alianças de casamento. Havia várias toneladas de cabelos femininos, centenas de milhares de sapatos, grandes quantidades de roupas e malas, relógios e ouro dental. Foram encontradas valas comuns e corpos empilhados. E pessoas magras e assustadas, que sobreviveram: homens, mulheres e crianças.

Desde 1942, os Aliados tiveram conhecimento do que se passava nos campos de concentração alemães, mas ninguém podia ter imaginado a dimensão dos atos dos nazistas. As imagens, os cinejornais e os depoimentos dos campos de extermínio chocaram o mundo, pois o mal perpetrado lá era incompreensível, as atrocidades sistemáticas eram inconcebíveis. O mundo inteiro perguntou: como isso pôde acontecer?

Inúmeros livros foram escritos sobre o Holocausto. Filósofos, psicólogos, sociólogos e historiadores, todos tentaram responder à pergunta sobre como o impensável se tornou realidade. Como poderia acontecer? Em 1946, foram realizados exames psicológicos minuciosos nos nazistas presos em Nuremberg, incluindo entrevistas, observações, testes de inteligência, material grafológico e exames de Rorschach, uma avaliação de personalidade com imagens não figurativas em forma de borrões de tinta.

Trinta anos mais tarde, Molly Harrower, uma dos dez especialistas em Rorschach que analisou o material, escreveu que nada de notável foi identificado. Não se verificou nenhuma psicopatologia única, isto é, a "personalidade nazista" que o público esperava. Rudolf Hess apresentava algumas características "operísticas e bizarras" e Joachim von Ribbentrop possivelmente estava deprimido. De acordo com Harrower, nenhum dos especialistas quis elaborar um parecer devido ao resultado decepcionante.

A necessidade de encontrar uma explicação para o inexplicável era grande. Talvez a necessidade de demonização fosse ainda maior. A demonização de criminosos é uma maneira de lidar com a crueldade incompreensível, de se distanciar emocionalmente. Na década de 1960, foi produzida uma série de livros que procuravam e descreviam a "personalidade nazista", apesar de não haver nenhuma evidência empírica que corroborasse a ideia. O arquetípico nazista era descrito como um indivíduo solitário e fracassado, sem autoconfiança, ou como um psicopata hiperinteligente com tendências sádicas.

Theodor Adorno, Max Horkheimer, Norbert Elias e Erich Fromm deram ao povo o que os especialistas de Nuremberg não conseguiram oferecer: uma definição da "personalidade nazista". Adorno e Horkheimer atribuíram a síndrome nazista a uma personalidade autoritária que não suportava a complexidade e a pluralidade da existência. Norbert Elias descreveu "um novo tipo de indivíduo" que havia ultrapassado os limites dos escrúpulos e substituído a coerção social pela autocoerção. Em *O medo à liberdade*, Erich Fromm sugeriu que a liberdade conquistada pelo homem moderno gerava ansiedade, levando-o a se submeter voluntariamente a ideologias fascistas.

Havia também Hannah Arendt, que em *Origens do totalitarismo*, inspirada pelo estudo do cientista político Raul Hilberg, *A destruição dos judeus europeus*, argumentou que os criminosos nazistas eram um produto do sistema totalitário. Uma explicação suficiente? Hannah não tinha dado um ponto final à questão, e quando Adolf Eichmann, capturado, seria submetido a julgamento em Jerusalém, acusado de genocídio e crimes contra a humanidade, ela viu uma oportunidade de se aprofundar na personalidade nazista e tentar entender os motivos que alimentaram um homem como Eichmann.

19. A banalidade do mal

Hannah e Heinrich passam o verão de 1960 numa pousada charmosa de estilo suíço em Catskills, região montanhosa no sudeste do estado de Nova York, onde contam com a companhia de um grupo de bons amigos, muitos deles europeus no exílio. Hannah dedica os dias à leitura e à escrita, e durante a noite confraterniza com Heinrich e com os amigos. Eles jantam, jogam xadrez ou dão um mergulho na piscina, encerrando a noite em um dos bares locais.

A vida é boa. Depois de quase vinte anos nos Estados Unidos, Hannah e Heinrich estão estabelecidos no país que se tornou sua segunda pátria, tendo feito a mudança do apartamento apertado para outro, mais espaçoso, na Riverside Drive. Hannah, que mal falava uma palavra de inglês quando o *S/S Guiné* aportou em Nova York, em maio de 1941, já havia publicado vários livros nesse idioma, entre os quais *Origens do totalitarismo*, que a transformou em celebridade intelectual de fama mundial. Tanto Hannah como Heinrich dão aulas para estudantes universitários e fazem parte de um grupo maior de intelectuais nova-iorquinos.

Em seu espaçoso apartamento, não muito longe do Central Park, Hannah e Heinrich com frequência recebem convidados para jantar. As discussões são animadas, interessantes, às vezes ruidosas, e as risadas, muitas. Juntos, ambos criaram uma vida que é deles, um lar, um lugar no mundo, e a essa altura as atrocidades da Segunda Guerra parecem muito distantes.

Entretanto, em Catskills as lembranças ressurgem de repente. Adolf Eichmann é capturado por agentes sionistas na Argentina, onde conseguiu se esconder por quase tanto tempo quanto a permanência de Hannah e Heinrich nos Estados Unidos, vivendo uma vida simples com sua esposa Veronica e seus quatro filhos em Buenos Aires. Os jornais estão cheios de notícias sobre a apreensão de Eichmann e as especulações são muitas. Entre os amigos que passam o verão juntos em Catskills, Eichmann é assunto obrigatório, e um dos objetos de conjeturas na imprensa é o foro do processo — está claro que Eichmann será levado à justiça, mas onde? O julgamento será realizado na Argentina ou em Israel?

Hannah cogita a ideia de assistir ao julgamento. Em várias cartas, discute o assunto com Karl Jaspers e resolve deixar o destino decidir: se for definido que Israel será a sede do julgamento, ela irá. E assim passa a ser. De volta a Nova York, Hannah entra em contato com William Shawn, editor-chefe da revista *The New Yorker*, com uma proposta: cobrir o julgamento para a revista na primavera seguinte. É claro que ele aceita. A essa altura, Hannah é uma voz intelectual célebre e estimada nos Estados Unidos, além de ter experiências dolorosas próprias da devastação nazista na Europa, de antissemitismo e de perseguição. É difícil imaginar alguém mais bem preparado para cobrir e comentar o processo judicial contra um dos maiores criminosos do nazismo do que ela, uma intelectual judia com profundos conhecimentos de política, antissemitismo e o mal.

Em 7 de abril de 1961, Hannah voa com destino a Tel Aviv, de onde segue para Jerusalém. Para Heinrich, que continua em Nova York, escreve que em Jerusalém está frio, mas faz sol. Ela tem vários amigos que fixaram residência em Israel, e, enquanto aguarda o início do julgamento, passa o tempo com as famílias Klenbort e Blumenfeld.

O julgamento de Eichmann é o primeiro a ser transmitido pela televisão, e David Ben-Gurion, primeiro-ministro de Israel, tem expectativas muito altas. Considera o julgamento público uma lição de história e espera que ajude os que cresceram em Israel, os jovens judeus que não sentiram na pele o antissemitismo europeu, a compreender a magnitude do Holocausto, e que, para o mundo exterior, para os não judeus, sirva de lembrança do destino daquele povo.

Hannah Arendt não é a única celebridade presente. Jerusalém está cheia de pessoas famosas, intelectuais, escritores e jornalistas que querem ver Eichmann, "o monstro de Linz", com os próprios olhos. Sumidades como o filósofo Bertrand Russell e o escritor e sobrevivente do Holocausto Elie Wiesel estão entre os espectadores. Para transmitir os procedimentos, é dado à Capital Cities Broadcasting Corporation, uma emissora de TV americana, acesso ao Beit Ha'am, o edifício que abrigará o julgamento. Um total de mais de quarenta países exibe "O Estado de Israel vs. *Obersturmbannführer* Adolf Eichmann".

Entretanto, quando o julgamento começa, há certa decepção. Hannah relata sua experiência como um grande e macabro espetáculo, escrevendo para Heinrich, em 20 de abril de 1961: "A coisa toda [é] tão banal e indescritivelmente ordinária e repulsiva". Ela está brava e vê o julgamento como indigno, um espetáculo. O tom das cartas para casa é sarcástico, um tom cujo eco persiste no livro que ela mais tarde escreveria sobre o julgamento, *Eichmann em Jerusalém: um relato sobre a banalidade do mal*.

Durante todo o processo, o acusado, Adolf Eichmann, permanece sentado calmamente dentro de uma cabine de vidro à prova de balas. Está muito resfriado e não para de se assoar. Além do mais, escreve Hannah a Heinrich, é insuportavelmente enfadonho escutá-lo: seco, pálido, correto, como que a caricatura de um burocrata quadrado. É dessa maneira que ela retrata Eichmann em seu livro, como um insosso burocrata que simplesmente estava cumprindo seu trabalho.

Também é assim que Hannah apresenta Eichmann na série de artigos sobre o julgamento para a revista *The New Yorker*: como um burocrata sem imaginação que apenas seguiu ordens. Ao serem publicadas, suas observações causam acalorado debate, para dizer o mínimo, e muitos se sentem provocados com sua exposição dos fatos. A descrição de Eichmann feita por Hannah rompe com a imagem formada dele até então, como cruel e demoníaco. Seu retrato lacônico do homem é visto como apologético, e sua narração é interpretada como uma defesa de Eichmann. Um breve trecho crítico à disposição cooperativa dos conselhos judaicos para com a ss durante a guerra é tido como uma atribuição de culpa ao povo judeu. De acordo com Hannah, alguns conselhos judaicos colaboraram com os nazistas:

> Para um judeu, o papel desempenhado por seus líderes na destruição de seu próprio povo é, sem dúvida, o capítulo mais sombrio de toda essa história sombria. [....] Em Amsterdã assim como em Varsóvia, em Berlim assim como em Budapeste, foram confiadas a funcionários judeus as tarefas de compilar as listas de pessoas e suas posses, de garantir o dinheiro para cobrir as despesas com sua deportação e extermínio, de monitorar os apartamentos vagos, de suprir forças policiais para ajudar a apreender os judeus e embarcá-los nos trens, até, como um último gesto, de entregar ordenadamente os bens da comunidade judaica para o confisco final. Eles distribuíram as Estrelas Amarelas e às vezes, como em Varsóvia, "a venda de braçadeiras

tornou-se um negócio corrente, havia faixas comuns de pano e faixas caprichadas de plástico que eram laváveis".

Talvez, pensa Hannah, um número menor de judeus tivesse morrido se os conselhos judaicos fossem menos cooperativos. É claro que esse argumento foi mal interpretado: parece que muitos tinham dificuldade de distinguir entre responsabilidade e culpa. Ser responsável, ter parte da responsabilidade, não é a mesma coisa que ser culpado. Logo se estabelece a ideia equivocada de que Hannah culpa o povo judeu pela própria destruição, pelo Holocausto, e, em quase todas as entrevistas até o final da vida, ela não tem como escapar da pergunta sobre por que pensa que os judeus foram culpados pela própria morte.

Após a publicação de *Eichmann em Jerusalém*, ela é repetidamente acusada de não ter coração, de carecer de empatia, de ser insensível e indiferente. Colegas lhe dão as costas e amigos rompem o contato. Seu bom amigo Kurt Blumenfeld nunca a perdoaria, e Hans Jonas, amigo desde os anos de faculdade na Alemanha e que pertencia ao círculo mais íntimo do casal, fica consternado e se recusa a falar com ela durante um ano. Um velho conhecido de Berlim, Siegfried Moses, declara guerra a Hannah publicamente, e seu amigo Gershom Scholem lamenta que ela não ame o povo judeu — ama apenas os judeus que são seus amigos. A imprensa retrata Hannah como antissionista, como uma judia que odeia a si mesma e é anti-Israel. Ela é acusada de trair o povo judeu. Durante semanas, meses, anos, centenas de cartas cheias de ódio chegam a sua caixa de correio.

O que ela quis dizer então? O que Hannah desejava comunicar? Hoje, seu conceito da "banalidade do mal" é bem conhecido e incontroverso. Em *Eichmann em Jerusalém*, ela questiona se maus atos pressupõem más intenções e maus motivos, observando que nem sempre há uma relação entre os três. Sua declaração não deve ser entendida como uma banalização ou uma negação do mal, ou seja, não é o mal em si que é banal, senão os motivos por trás do mau ato.

No entanto, parece que os intelectuais judeus que censuravam *Eichmann em Jerusalém* estavam mais indignados com a crítica de Hannah aos conselhos judaicos do que com sua descrição de Eichmann. Dizer que o povo judeu teria alguma responsabilidade pelo Holocausto era altamente polêmico. Sabendo o resultado, ou seja, as reações intensamente negativas a suas críticas, Hannah percebeu que sua argumentação a respeito da atuação dos conselhos judaicos durante a Segunda Guerra deveria ter sido mais clara. Antes de uma entrevista para a revista *Look* em setembro de 1963, ela fez as seguintes anotações em resposta aos argumentos apresentados em defesa dos conselhos judaicos:

1. "Melhor, se tiver que morrer, ser selecionado por sua gente." Discordo. Teria sido infinitamente melhor deixar os nazistas cuidarem de suas próprias atividades assassinas.
2. "Com cem vítimas, salvaremos mil." Para mim, soa como a última versão do sacrifício humano: escolha sete virgens, sacrifique-as para aplacar a ira dos deuses. Bem, não é a minha religião — e certamente não é a fé do judaísmo.
3. Por fim, temos a teoria do mal menor. Resultado: bons homens fazem o pior.

Os argumentos acima estão implícitos na discussão apresentada por Hannah no livro sobre Eichmann, mas pelo visto não foram esclarecidos o suficiente. No fundo, sua crítica é sobre assumir responsabilidades. Que responsabilidade os conselhos judaicos assumiram por seus membros se de bom grado auxiliaram o regime nazista com listas de endereços a fim de que a ss, com facilidade e conveniência, pudesse capturar judeus que seriam posteriormente transportados para os campos de concentração? Na discussão sobre a responsabilidade dos conselhos judaicos, deve-se levar em consideração o fato de que eles também eram vítimas. Os membros dos conselhos judaicos eram vulneráveis e temiam, com razão, a perseguição. Que exigências podem ser feitas às vítimas? O que se pode exigir de pessoas que vivem sob ameaça, em grave perigo, cientes das atrocidades que as esperam? Será que não é imoral, até desumano e insensível, censurar as vítimas — como Hannah fez?

Um dos poucos a defender o livro de Hannah sobre Eichmann e suas reflexões a respeito dos conselhos judaicos e sua responsabilidade foi Bruno Bettelheim. Nascido em Viena em 1903, ele, assim como Hannah, cresceu numa família judaica secular. Em maio de 1938, logo depois de os nazistas invadirem a Áustria, foi levado primeiro para o campo de concentração de Dachau e depois para o Buchenwald. Bettelheim teve uma sorte quase improvável de sobreviver a dois dos campos de concentração mais notórios: com algumas centenas de outros prisioneiros, ele foi libertado no final de abril de 1939, por ocasião de uma anistia em homenagem ao aniversário de Adolf Hitler.

Ao escrever sobre o Holocausto, Bettelheim usou sua própria experiência nos campos de concentração, e, assim como Hannah, considerava que os judeus tinham certa responsabilidade. Escreveu uma resenha positiva de *Eichmann em Jerusalém* para a revista *The New Republic* e elaborou suas ideias em, entre outros, *Surviving and other Essays*. Bettelheim vai mais longe do que Hannah em sua crítica, censurando os indivíduos e grupos (como os conselhos judaicos) que não fizeram de tudo para dificultar a atuação dos alemães. De acordo com ele, vidas poderiam talvez ter sido salvas por meio de sabotagem, resistência ou outra atitude que contrariasse ou obstruísse as autoridades alemãs.

Bruno Bettelheim se recusa a considerar os judeus como

isentos de responsabilidade, argumentando que isso significaria lembrá-los como menos que humanos, como seres sem vontade própria ou inteligência. Enquanto viviam, escreve ele, tinham responsabilidades e deveres, e negar isso ou ignorar seus erros seria injusto tanto para com eles como para com aqueles que de fato agiram heroicamente. Segundo Bettelheim, todo ser humano tem uma responsabilidade, mas afinal de contas é óbvio que os culpados são os algozes e não as vítimas.

Judith Nisse Shklar, filósofa de origem judaica, elaborou ainda mais o raciocínio de Bruno Bettelheim em seu livro *Ordinary Vices*. Ela nasceu em 1928 na Letônia. Junto com seus pais, teve de fugir por causa da Segunda Guerra, primeiro para o Japão e depois para os Estados Unidos e o Canadá. Assim como Hannah e Bruno, sentiu as consequências do Holocausto na própria pele. Durante toda sua vida profissional, ocupou-se com o conceito da crueldade, colocando a discussão de Bruno Bettelheim sobre vítimas e responsabilidade no contexto da crueldade.

O ponto de partida de Judith: as vítimas do Holocausto eram pessoas comuns que foram submetidas a crueldades extraordinárias. Não eram nem heróis nem santos, e ela acredita que é tão errado idealizar as vítimas como culpá-las. Interpreta ambas as estratégias como expressão de nossa incapacidade de enfrentar as atrocidades.

Essa discussão pode nos ajudar a entender por que tantas pessoas se indignaram com a crítica de Hannah à atuação dos conselhos judaicos. A idealização das vítimas do Holocausto, daqueles que foram submetidos à crueldade abismal do nazismo, cria uma distância entre nós, os espectadores, e eles. Apenas ao entender que os mortos nos campos de extermínio dos nazistas eram seres humanos como nós, com defeitos e méritos, percebemos a dimensão da crueldade que sofreram. Não eram mártires, nem santos, nem heróis, somente pessoas comuns numa situação terrível.

Hannah chocou seus contemporâneos não apenas por censurar a conduta dos conselhos judaicos, mas por afirmar que Eichmann não era nem demoníaco nem fanático, nem mau nem malévolo. Eichmann só fez seu trabalho da melhor e mais eficiente maneira que pôde: "A seu ver, todos os seus atos eram os de um cidadão respeitador da lei. Ele cumpria seu dever, como repetia insistentemente à polícia e ao tribunal; não só obedecia a ordens, também obedecia à lei", escreve ela em *Eichmann em Jerusalém*, e prossegue:

> E assim como a lei de países civilizados pressupõe que a voz da consciência de todo mundo dita "não matarás", embora os desejos e as propensões naturais do homem possam às vezes ser assassinos, a lei da terra de Hitler exigia que a voz da consciência de todos ditasse "matarás", não importando que os organizadores dos massacres soubessem muito bem que o assassinato ia contra os desejos e as propensões normais das pessoas. No Terceiro Reich, o mal perdera a qualidade pela qual as pessoas em geral o reconhecem — a qualidade da tentação. Muitos alemães e muitos nazistas, provavelmente a grande maioria deles, devem ter sido tentados a não matar, a não roubar, a não deixar seus vizinhos partirem para a destruição (pois é claro que sabiam que os judeus estavam sendo transportados para a destruição, embora muitos possam ter desconhecido os monstruosos detalhes) e a não se tornar cúmplices de todos esses crimes tirando proveito deles. Mas Deus sabe como aprenderam a resistir à tentação.

Na passagem acima, Hannah faz referência à teoria de Kant sobre o mal. O argumento de Kant tem como base o que ele denomina de "mal radical". O mal radical implica deixar nossos próprios desejos dominarem nosso dever de escutar e agir conforme a boa vontade. Portanto, o mal, de acordo com Kant, é uma tentação.

Hannah também discute o mal como tentação e enfatiza a importância de considerá-lo exatamente dessa maneira. Não porque o mal em si seja aquilo que a pessoa na verdade quer e precisa — um doce que, Nietzsche diria, ela seria estúpida se negasse —; o ponto é que "tentação" sinaliza proibição e tabu, e o proibido, como é sabido, exerce certa atração. No Terceiro Reich, o mal e a crueldade não eram mais uma tentação porque ambos não eram proibidos, mas decretados. Ou seja, Eichmann não caiu em tentação ao mandar centenas de milhares de pessoas para as câmaras de gás.

A citação acima também revela uma verdade incômoda: há seres humanos com uma infeliz tendência de seguir a lei da menor resistência, bloquear a voz da consciência e fazer o que todo mundo faz. Diante da normalização da exclusão, da perseguição e do extermínio dos judeus, os que protestaram, que ouviram sua consciência, foram muito poucos.

No entanto, Hannah não descarta por completo a possibilidade de que algumas poucas pessoas de fato sejam más por natureza. Ela discute a visão bíblica do mal, observando que nem mesmo a Bíblia fala do mal intencional. Caim não queria se tornar Caim quando matou seu irmão Abel, e Judas — o principal exemplo do pecado humano — se enforcou assim que se deu conta da dimensão de sua traição. Não sabiam o que estavam fazendo; portanto, seus pecados deveriam ser perdoados. Jesus pregou o perdão de todos os pecados que, de uma forma ou de outra, podiam ser explicados pela fraqueza humana, ou seja, pela natureza humana corrupta que, devido ao pecado original, tem uma propensão para o mal. O ser humano é fraco e facilmente cai em tentação. É algo compreensível e possível de perdoar.

Há, porém, exceções, escreve Hannah. Jesus também diz que há pessoas que cometem o que em grego é denominado *skandalon*, isto é, atos tão vis e intoleráveis que seria melhor se o culpado nunca tivesse nascido. Jesus não explica com maiores detalhes a natureza nem a substância desses atos perversos, mas ao que parece os considera imperdoáveis, uma atitude com que Hannah concorda: há maus atos — más pessoas — que não podem ser perdoados e tampouco punidos. Nem todo o mal pode ser explicado como obediência, ignorância e omissão. Existe um mal que é tão incompreensível quanto imperdoável.

O problema do mal não foi solucionado com o conceito da "banalidade do mal". A questão persistiu e continuaria a ocupar os pensamentos de Hannah. O terror dos campos de concentração potencializou a questão do mal, e não havia teorias filosóficas ou modelos explicativos da psicologia que fossem capazes de torná-lo inteligível. Em *Origens do totalitarismo*, Hannah escreve o seguinte:

> Os campos de concentração constituem os laboratórios onde mudanças na natureza humana são testadas [...] em seu afã de provar que tudo é possível, os regimes totalitários descobriram, sem o saber, que existem crimes que os homens não podem punir nem perdoar. Ao tornar-se possível, o impossível passou a ser o mal absoluto, impunível e imperdoável, que já não podia ser compreendido nem explicado pelos motivos malignos de egoísmo, ganância, cobiça, ressentimento, sede de poder e covardia; e que, portanto, a ira não podia vingar, o amor não podia suportar, a amizade não podia perdoar.

Até o fim, Hannah procurou decifrar o mal. Críticos mais recentes, como a pesquisadora do Holocausto Deborah Lipstadt e o historiador David Cesarani, não são inteiramente justos ao atacar a teoria de Hannah sobre a banalidade do mal, acusando-a de unidimensional e incompleta. Hannah nunca proclamou que a teoria era completa. Ela não era estranha à ideia de que pode haver pessoas genuinamente más, pessoas movidas pela vontade de fazer o mal. Deve haver alguém tomando a dianteira, alguém iniciando o mal, criando os contextos, a ideologia e as convicções que as massas obedientes cegamente adotam.

20. O mal e a responsabilidade

Como o mal deve ser enfrentado e combatido? Hannah acreditava em assumir responsabilidade, refletir e usar a razão, e a vida inteira atuou em conformidade com essas convicções.

Se eu fosse descrever o caráter de Hannah em uma palavra, escolheria "responsável". Hannah era responsável. Em todas as situações da vida ela assumiu responsabilidades: quando o nazismo e o antissemitismo aumentaram na Alemanha, na década de 1930, ela resistiu envolvendo-se no movimento sionista, enquanto viveu no exílio na França, ajudou crianças judaicas a encontrar refúgio na Palestina, ao ser internada em Gurs, manteve o moral e o ânimo de si mesma e de suas companheiras, e, quando surgiu a oportunidade de fugir, tentou persuadir as outras mulheres a escapar com ela. A lista poderia ser muito mais longa, pois a responsabilidade se faz presente como um fio condutor em sua vida, e dos outros ela exigiu nem mais, nem menos.

Desde menina Hannah se responsabilizava pelos outros. No verão de 1911, Paul, seu pai, adoeceu e foi internado. A sífilis que contraíra quando jovem irrompeu com força total, e ele passou dois anos no hospital. Apesar de ter apenas cinco anos de idade, Hannah demonstrou grande paciência com o pai. Em suas memórias, a mãe Martha descreve o carinho comovente da pequena com o moribundo: ela passava horas jogando cartas com Paul, que permanecia acamado a maior parte do tempo, e orava por ele todas as manhãs e todas as noites. Dois anos após o adoecimento do pai, em março de 1913, faleceu Max Arendt, o amado avô paterno. Em outubro do mesmo ano, Paul morreu depois da longa enfermidade.

Em *Unser Kind*, Martha relata, um tanto preocupada, a reação de Hannah às mortes do avô e do pai:

> Em outubro morre Paul. Ela vê sua morte como algo triste para mim, mas ela mesma parece não ser afetada. Para me consolar, diz: "Mamãe, lembre-se de que muitas mulheres passam por isso". Ela vai ao enterro e chora (conforme me disse), "porque cantaram tão lindamente". [....] Deve ter sentido algum tipo de satisfação por ser o centro das atenções de tantas pessoas. De resto, é uma criança feliz e radiante, com um bom coração.

Enfim, a mãe de Hannah interpretou a solicitude da menina de sete anos como uma indiferença diante das mortes que a família havia sofrido. É uma interpretação curiosa. Para mim, está claro que a alegria forçada da criança precoce é uma maneira de assumir responsabilidade. Hannah naturalmente percebeu o luto e a inquietação de sua mãe e se responsabilizou por uma situação que não pôde influenciar, deixando de lado seus próprios sentimentos e seu próprio pesar. Não querendo preocupar a mãe já desolada e mostrar sua dor abertamente, a pequena tornou-se o arrimo de Martha.

Como adulta, Hannah foi muito econômica ao falar sobre a época de sua vida marcada pela perda do pai e do avô amado —

talvez por ter sido um período doloroso em sua vida. Ou talvez porque ela, em seu afã de se responsabilizar pela mãe, não se desse a oportunidade de chorar a morte do avô Max e do pai. Nas centenas de cartas que Hannah escreveu para seus amigos, mostra-se muito empática e atenciosa, com forte vontade de ajudar os outros da maneira que pode.

A responsabilidade é um tema recorrente nos livros de Hannah: o que significa assumir responsabilidade? Nós, como seres humanos, somos responsáveis pelo que e por quem? Todas as pessoas têm uma série de percepções sobre si mesmas, assim como desejos sobre quem e o que querem ser. Algumas dessas convicções e percepções sobre a própria pessoa são mais do que uma expressão de opiniões e gostos — possuem um sentido mais profundo, um significado existencial e moral. Manifestam o que costuma ser chamado de identidade moral do indivíduo. Nossa identidade moral consiste nas normas e avaliações que incorporamos, seja por meio de escolhas ativas e conscientes, seja por meio de influências, trato e educação, e que, de diversas formas, também estabelecem os limites para nossa atuação.

Segundo Aristóteles, o caráter do indivíduo é moldado pelas escolhas que faz e pelas decisões que toma. Quando escolhas, atos e decisões se repetem, tornam-se hábitos, e, lentamente, traços permanentes do caráter do indivíduo. Hannah apresenta um argumento parecido, entre outros, em *Responsabilidade e julgamento*, e sugere que o ser humano cria seu valor moral agindo ou não agindo. O eu cria a si mesmo como pessoa e permanece uma pessoa na medida em que é capaz de conduzir sua personalidade. Não tem nada a ver, escreve ela em *Responsabilidade e julgamento*, com talento ou inteligência, senão com reflexão; é uma questão de agir e assumir a responsabilidade por suas ações. Essa argumentação remete não apenas à ética da virtude aristotélica, mas também ao existencialismo.

Hannah Arendt não queria ser considerada filósofa. No entanto, construiu um sistema filosófico cujo cerne é precisamente o conceito da responsabilidade e os fenômenos morais que podem ser ligados a ele, como culpa, vergonha, censura, maldade e bondade. Sobretudo em *A condição humana* e *Responsabilidade e julgamento*, Hannah elaborou uma abordagem filosófica centrada no ser humano e sua responsabilidade. Apesar da própria experiência do oposto, Hannah tinha uma fé inabalável na capacidade do ser humano de tomar decisões próprias, independentes e racionais — por ser livre, o ser humano também é responsável.

A experiência de vida de Hannah a ensinou a entender a fundo a importância da responsabilidade pessoal. Podia parecer severa, mas era mais severa consigo mesma do que com qualquer outra pessoa. Essa severidade, em combinação com uma grande ênfase na verdade, fazia com que ela às vezes fosse mal interpretada, algo de que a polêmica em torno do livro sobre Eichmann é um claro exemplo. Hannah, que sempre se esforçava ao máximo para entender o que o outro queria dizer, não estava preparada para a recepção hostil a seu livro sobre Eichmann. Em outubro de 1963, escreveu, frustrada, a Mary McCarthy: "A crítica se dirige a uma 'imagem', e essa imagem substituiu o livro que escrevi".

A campanha negativa que se iniciou após a publicação de seus textos sobre Eichmann, além da raiva e da animosidade que vieram à tona, abalaram-na profundamente. "E o que mais me surpreende e choca", observa a Mary no final do outono de 1963, "é quanto ódio e hostilidade há por aí, esperando apenas uma chance de rebentar".

O choque genuíno de Hannah diante da hostilidade das pessoas é muito comovente, pois é prova de sua visão fundamentalmente positiva da humanidade. Tinha os seres humanos em alta estima e ficou surpresa a ponto do desespero quando a decepcionaram.

21. Sobre amor e fidelidade

"O amor", escreve Hannah em *A condição humana*, "[é] uma das mais raras ocorrências da vida humana". A declaração surpreende quem conhece um pouco de sua vida, pois os homens e as histórias de amor vinham um depois do outro. Às vezes, dois relacionamentos amorosos corriam em paralelo. Um de seus melhores amigos descreveu Hannah como "uma espécie de *femme fatale*": era uma mulher muito cortejada, que facilmente se tornava o centro das atenções de qualquer grupo.

O que Hannah quis dizer? O amor não parece ter sido um fenômeno raro em sua vida. No entanto, a explicação vem em uma nota de rodapé à citação acima:

> O vulgar preconceito de que o amor é tão comum quanto o "romance" deve-se talvez ao fato de que todos ouvimos falar de amor pela primeira vez através da poesia. Mas os poetas nos iludem; eles são os únicos para os quais o amor é uma experiência não somente crucial, mas indispensável, o que lhes dá o direito de confundi-lo com uma experiência universal.

Quando faz essa distinção sóbria, talvez desiludida, entre o amor e o romance, Hannah está na casa dos cinquenta e escreve com a experiência de uma mulher madura, com base em muitos anos de reflexão sobre o conceito de amor.

O amor não é apenas um fenômeno psicológico, mas também um conceito filosófico que tem sido objeto de reflexão e análise filosófica há milênios. Nos diálogos de Platão, há duas teorias contraditórias sobre o amor. Primeiro, ele pode ser visto como o esforço do andrógino mutilado de se reunir com sua metade perdida, um desejo de se tornar inteiro, de se fundir num todo. A outra definição oferecida pelos diálogos platônicos mostra o amor como a busca da beleza e da perfeição.

Em reflexões filosóficas posteriores sobre a essência do amor, encontramos elementos dessas duas abordagens. A primeira definição apresentada por Platão trata de fusão, enquanto a segunda foca no objeto. Na concepção do amor como fusão, o sentimento tem a ver com unificação, com duas metades que juntas formam um todo. A segunda visão trata de desejo antes de fusão. Nesse caso, a essência do amor é vista como o desejo por um objeto, ou seja, pelo *outro*.

Em *A condição humana*, a exposição de Hannah se aproxima do conceito de amor como união, uma elaboração da visão platônica do amor como fusão. Visto por esse ângulo, o amor consiste na criação de um "nós", uma união. O filósofo britânico Roger Scruton, um dos adeptos desse ponto de vista, observa em *Desejo sexual: uma investigação filosófica* que o amor existe "tão logo seja superada toda distinção entre meus interesses e seus interesses".

O amor transforma os dois em um, numa unidade indivisível, ambos igualmente dependentes um do outro e ambos igualmente comprometidos com o bem-estar do outro; como diz Scruton, não há distinção entre seus interesses e os meus. De acordo com Hannah, não há mais uma "mediação" entre os dois.

A única coisa que pode se inserir entre dois amantes é o filho, "o produto do amor".

Se o amor em sua essência é "extramundano" e, portanto, aliena os amantes do mundo, o filho, o produto de seu amor, os devolve ao mundo: "É como se, através do filho, os amantes retornassem ao mundo do qual seu amor os expulsou", prossegue Hannah em *A condição humana*. Os apaixonados dão as costas ao mundo. São um "nós" que não precisam do mundo. Seu amor os torna alienados, ou antes indiferentes, ao mundo e às coisas mundanas. Os apaixonados se importam com as notícias? Com as contas? Com o tempo? No mundo dos apaixonados só existem os apaixonados, e isso é o suficiente. É o suficiente para deixar o mundo inteiro de ponta-cabeça.

O filho os força, através de suas necessidades concretas e um tanto banais, a voltar ao mundo. Um filho não pode viver só de amor. Uma criança requer coisas mundanas, como comida, fraldas limpas, ordem e rotina. Por isso, o filho é ao mesmo tempo o fim do amor: "Mas essa nova mundanidade, o possível resultado e o único final possivelmente feliz de um caso de amor, é, de certa forma, o fim do amor, que terá de dominar novamente os dois parceiros ou ser transformado em outro modo de pertencer um ao outro".

Quando um filho entra na vida dos amantes e exige um lugar em sua união, o romance amadurece e se transforma em outra maneira de formar um par. O filho obriga os apaixonados a deixar sua existência inebriante e a voltar ao mundo concreto, ao mundano. É uma linda descrição da parentalidade.

Hannah e Heinrich nunca tiveram filhos. "Quando éramos jovens o bastante para ter filhos, não tínhamos dinheiro, e quando tínhamos dinheiro, já éramos velhos demais", explicou Hannah a Hans Jonas. Heinrich tinha outra explicação: "Decidimos não ter filhos em tempos como esses. Estávamos tristes por causa disso, mas o senso de responsabilidade por esses pequenos sofredores potenciais é algo valioso", escreveu ele a sua mãe, Klara Blücher, em abril de 1946.

Apesar da teoria de Hannah de que um filho é o único "fim feliz" de uma história de amor, o amor de Hannah e Heinrich sobreviveu sem filhos. O que transformou o romance em algo mais do que um caso de amor, aquilo que Hannah descreve como "outro modo de pertencer um ao outro", foi a paixão comum pelo pensamento. Hannah dedicou *Origens do totalitarismo* a Heinrich, chamando-o de "nosso livro". O diálogo que iniciaram na primavera de 1936 nunca calou. Continuaram a conversar, a questionar, a analisar e a desafiar um ao outro.

Ao conhecer Heinrich, Hannah inicialmente lutou com seu medo. Numa carta que lhe enviou de Genebra em 18 de setembro de 1937, ela descreve seu receio de ser obliterada num relacionamento amoroso, de perder sua independência, sua liberdade, a si mesma:

> Querido, eu sempre soube, desde criança, que realmente só posso existir no amor. Por isso tinha tanto medo de me perder, e por isso me tornei independente. E, quanto ao amor dos outros que me taxavam de fria, sempre pensei: você não tem ideia de como o amor é e será perigoso para mim.

O que ela tanto temia? Há um risco inerente ao conceito de amor que Hannah formula: o amor como fusão de dois indivíduos com interesses diferentes pode obliterar um e deixar o outro dominar. Fundir-se com outra pessoa em um todo é um conceito romântico, mas também uma ideia assustadora. Uma união feliz pressupõe dois indivíduos igualmente fortes, que, no sentido mais profundo das palavras, de fato conseguem enxergar os interesses e os desejos do outro como tão importantes quanto os seus.

É possível viver com outra pessoa sem se perder? Como evitar ficar tão envolvida na vida do outro a ponto de apagar seu próprio ser? Essa é uma das grandes perguntas do filósofo Emmanuel Lévinas. Assim como Hannah, Lévinas teve de fugir da Alemanha e optou pela França, onde viveu no exílio até sua morte. Ele se manteve fiel à fenomenologia husserrliana que estudou em Friburgo, dedicando-se à compreensão fenomenológica da ética.

De acordo com Lévinas, a origem da ética é o encontro com *o outro*. É quando realmente vemos o outro que a ética desperta. No entanto, é essencial enxergar o outro como outro, ou seja, como um Tu com quem se relacionar. O amor precisa dar espaço a dois indivíduos.

Uma união feliz pressupõe que a unidade entre os dois lhes permita continuar a ser eles mesmos: eis o paradoxo. É exatamente o que Hannah e Heinrich parecem ter conseguido: criar uma dependência mútua sem sufocar um ao outro, fundir-se sem causar abnegação, continuar a ser dois indivíduos também na união. A condição vital para o relacionamento amoroso não é esta — consistir em dois sujeitos identificáveis e distintos? Do contrário, o que haverá para amar, se os dois realmente se tornarem um?

Na época em que conheceu Hannah, Heinrich Blücher já havia passado por dois casamentos e inúmeros relacionamentos. Em Hannah ele encontrou algo com que nunca se havia deparado, ou talvez não tivesse maturidade para encontrar antes. Como jovem, procurou seus pares intelectuais entre homens, não entre mulheres. Participava de discussões com homens, não com mulheres, ouvia os homens e estudava suas obras. Quando conheceu Hannah, seus conceitos foram desafiados. Sem dúvida, ela era seu igual intelectualmente, além de possuir formação mais elevada e maior disciplina do que ele.

No encontro com Hannah, que incluía romance, erotismo e troca intelectual, Heinrich foi forçado a mudar sua visão sobre a mulher. Numa palestra no Bard College em 1952, ele declarou que a paridade entre homens e mulheres era um pré-requisito para o casamento funcional.

No entanto, paridade não deve ser confundida com igualdade. Tanto Heinrich como Hannah parecem haver tido uma visão relativamente conservadora sobre gênero, sobre o que é considerado masculino e feminino. "Sempre fui da opinião de que existem certas ocupações que são impróprias para as mulheres, que não combinam com elas, se assim posso dizer. Não fica bem uma mulher dar ordens. Ela deve tentar não se colocar em tais posições, se quiser preservar sua feminilidade", diz Hannah em 1964 sobre sua visão da emancipação da mulher.

Apesar de ser relativamente progressivo, o casamento de Hannah e Heinrich tinha seus problemas. O caso que Heinrich começou com uma jovem judia russa em 1948, enquanto Hannah passava dois meses em New Hampshire, pôs seu amor e, talvez mais importante, a confiança de Hannah em Heinrich à prova. Ele não havia prometido nada além de ser "fiel à sua maneira", o que significava uma fidelidade emocional e intelectual, mas não necessariamente sexual. Não foi fácil para Hannah aceitar essa definição de fidelidade, e ela sofreu muito quando o caso de Heinrich ficou conhecido entre seus amigos.

Mesmo assim, esforçou-se para encarar aquilo tudo com compostura. Ela se gabava de abraçar os padrões berlinenses de amor, sexualidade e fidelidade. Em conformidade com essa *"Lieben Berliner Art"* [arte de amar berlinense], ela definia a lealdade conjugal como superior à fidelidade sexual. Em seu ensaio sobre Bertolt Brecht, descreve a postura berlinense da seguinte maneira: "Aliás, neste mundo não existe amor eterno, nem mesmo fidelidade comum. Não há nada além da intensidade do momento, isto é, a paixão, que é até um pouco mais perecível do que o próprio homem".

A atitude de Brecht, aqui descrita por Hannah, manifesta a

mesma despreocupação em relação ao amor que as letras de Robert Gilbert, colaborador de Heinrich em Berlim: "Toque o tambor, levante a cabeça e beije as vivandeiras. Eis a soma de toda a sabedoria e a mais profunda lição de toda a poesia".

A mensagem é não levar nada muito a sério. A vida é breve, por que não aproveitar os momentos de amor e felicidade que nos são oferecidos? É provável que Hannah e Heinrich tenham sido influenciados pelo espírito anarquista relacional em voga no período entreguerras, tanto em Berlim como em Paris. Em Berlim, Robert Gilbert fazia versos sobre agarrar a oportunidade e beijar as vivandeiras, enquanto Bertolt Brecht, também berlinense, prestava homenagem à paixão casual, rejeitando a ideia de eterno amor e fidelidade. Na Paris dos anos 1920, os surrealistas defendiam o amor livre, e em 1924 André Breton publicou seu *Manifesto do surrealismo*, no qual argumentou a favor da emancipação do indivíduo e da transformação da sociedade. Obviamente, o indivíduo emancipado praticava o amor livre e vivia relacionamentos abertos.

Em Paris, Jean-Paul Sartre e Simone de Beauvoir viviam uma relação aberta conforme esses princípios. Seu pacto, permitindo relações sexuais extraconjugais sem que isso afetasse seu próprio relacionamento, era bem conhecido e, em teoria, parece ter funcionado perfeitamente. Do ponto de vista racional, é possível concluir que não se pode ser dono do corpo do outro e que seja pouco razoável e imoral exigir do outro exclusividade sexual. O essencial num relacionamento de amor não é a fidelidade sexual senão a comunhão intelectual, a lealdade e a exclusividade emocional — pode-se ir para a cama com muitos, mas dar seu coração a um só. Assim é possível raciocinar, e parece sábio, razoável, intelectualmente honesto e bem ponderado, mas como funciona na prática?

Bem, talvez não tão bem quanto na teoria. O encontro de Simone com Nelson Algren virou seu casamento intelectual com Jean-Paul Sartre de ponta-cabeça. Ela estava prestes a deixar Sartre por Algren, o homem que caracterizava como o amor de sua vida. Simone descreve o triângulo amoroso — e sua angústia — no romance *Os mandarins* (que, por sinal, foi vencedor do prêmio Goncourt em 1954). Seu romance de estreia, *A convidada*, retrata outro triângulo amoroso: Françoise e Pierre, um casal de intelectuais que vivem um relacionamento íntimo, mas aberto, deixam uma jovem à deriva entrar em suas vidas. Pierre fica apaixonado, para não dizer obcecado, pela jovem Xavière, e Françoise sofre de ciúme. É impossível não ler o romance como uma descrição da própria luta de Simone para aceitar que seu amado embarcasse em aventuras eróticas com outras.

Pelo visto, o casal Dora e Bertrand Russell passou pela mesma experiência — o que se apresenta como razoável e certo em teoria pode se mostrar mais complexo na realidade. Dora Russell, casada com o bem mais velho e famoso Bertrand Russell, critica no livro *The Right to Be Happy*, publicado em 1927, a ligação aparentemente óbvia entre posse e amor. Dora Russell estava convencida de que o ser humano precisa de liberdade para ser feliz e, portanto, considerava desprezível a ideia da monogamia. De acordo com ela, não podemos fazer o outro feliz possuindo-o, possuindo seu corpo ou sua sexualidade. Por isso ela exortou todos, homens e mulheres, a se libertar das restrições que a sociedade, a religião e a convenção lhes tentavam impor.

Dora Russell provavelmente foi influenciada pelo grupo de Bloomsbury e sua atitude em relação à sexualidade, ao amor e à fidelidade. Composto de diversos intelectuais, escritores e artistas, entre os quais E. M. Forster, Virginia Woolf e Vita Sackville-West, o grupo atuou sobretudo no entreguerras. Sua base era o bairro londrino de Bloomsbury, e vários deles haviam estudado no Trinity College de Cambridge. Eles se revoltaram contra os valores vitorianos e praticavam, assim como os surrealistas em Paris, o amor livre.

Bertrand Russell, o marido de Dora, também escreveu um livro sobre a temática de amor, sexualidade e matrimônio. Em *Casamento e moral*, que saiu alguns anos depois do apelo de Dora ao amor livre, ele repete as teses e os argumentos dela, declarando que ninguém pode ser dono de outra pessoa e que o ser humano é livre por natureza, incluindo como ser sexual. Em teoria, portanto, estavam de pleno acordo e deviam ter passado muitas horas discutindo questões relativas a fidelidade, amor, sexo e liberdade. Ainda assim, eles se divorciaram em 1935. Os casos extraconjugais aos quais se entregaram, cada um de seu lado, acabaram destruindo o relacionamento de ambos.

Hannah também não era tão berlinense na prática como na teoria. Tinha dificuldade de lidar com a postura de Heinrich em relação à fidelidade. Para ele, não era grande coisa paquerar ou até ter relações sexuais com outra pessoa. Para ela, era uma traição, algo que várias reflexões em seu *Denktagebuch* [Diário intelectual] revelam. É doloroso estudar suas tentativas de intelectualizar eventos que afetaram profundamente seu lado emocional. Ao mesmo tempo, isso diz muito sobre ela, que encarou as dificuldades da vida com a ajuda de seu intelecto e tentou obter controle sobre a instabilidade política e o caos emocional pessoal lançando mão da análise, da discussão e da definição — como se tanto a desordem interna quanto a externa pudessem ser domadas por meio de categorias filosóficas.

Em 1950, Hannah escreve uma longa reflexão sobre o tema da fidelidade em seu *Denktagebuch*. Ela define dois tipos de infidelidade: "a infidelidade quase inocente", que "antes está configurada na continuação da vida e da vitalidade", e "o grande crime da infidelidade", que "mata o que foi verdade, desfaz o que trouxemos ao mundo".

Ela observa que a infidelidade é a "verdadeira destruição", porque é na fidelidade e somente nela que somos donos de nosso passado; sua existência depende de nós. Se não houvesse a possibilidade da verdade, e da existência do que foi verdade, a fidelidade não passaria de teimosia; se não houvesse fidelidade, a verdade seria sem substância e, portanto, completamente sem sentido.

Na reflexão acima, Hannah relaciona a fidelidade à verdade e ao sentido, ao fundamento da própria existência. Enfim, atribui grande importância à fidelidade, mas trivializa "a infidelidade quase inocente" — em forma de escapadas sexuais e paqueras — como manifestação da "vitalidade". A força vital, o joie de vivre, pode levar à infidelidade, mas trata-se de uma infidelidade inocente, expressão da alegria de viver e não de uma vontade de magoar. De acordo com Hannah, responder a essa infidelidade com ciúme seria uma "perversão da fidelidade", uma tentativa de "banir a vitalidade do mundo". A verdadeira infidelidade, escreve ela, é "o esquecimento", o que, em última análise, "é o único pecado real, porque extingue a verdade, a verdade do que foi".

Portanto, a verdadeira fidelidade é algo distinto da fidelidade sexual e tem a ver com continuidade, lealdade e confiabilidade, com se dedicar um ao outro, com ser fiel ao que é verdadeiro, genuíno e importante. Em outras palavras, Hannah raciocinou para chegar a uma compreensão da fidelidade que pudesse acomodar a infidelidade de Heinrich.

Por que o significado da fidelidade sexual, do casamento monogâmico e a substância do amor foram questionados justamente naquele momento, nas décadas de 1920 e 1930? Provavelmente, por uma série de fatores convergentes. A atitude de *carpe diem* que se manifestava nos relacionamentos à berlinense e nos anos loucos em Paris era uma reação ao espírito da época. A Europa acabava de passar por uma guerra, a economia estava cambaleando, a política idem. A situação se caracterizava pela incerteza, uma sensação de que tudo poderia acabar no dia seguinte. Esse tipo de clima dá origem a uma vontade de aproveitar a vida ao máximo enquanto for possível. Viva hoje, pois amanhã você pode estar morto.

Depois da Primeira Guerra, todos os emblemas que antes eram tidos como fundamentais foram desafiados: a bandeira, o trono, o altar. Houve um desencantamento com a nação, a casa real e a Igreja — nenhuma das veneráveis instituições havia protegido as pessoas dos horrores da guerra. Ao contrário, tinham sido propulsores. Quando esses poderes, antes óbvios, foram desacreditados, outras instituições, valores e ideais também se tornaram relativos, incluindo o casamento. Tudo era passível de questionamentos e rejeição, e algo novo, livre de repressão e moralismo, podia ser criado.

Outra explicação diz respeito à desincumbência da religião e das normas da religião. O casal Russell, assim como Simone e Sartre, eram ateus convictos; os surrealistas e o grupo de Bloomsbury rejeitavam a religião. Deus não existia, e, com a morte de Deus, também desapareceu o moralismo repressor relativo à sexualidade, à vergonha e à culpa. O ser humano ficou livre de Deus, livre de crenças religiosas opressivas, livre para criar suas próprias normas e valores, para escrever seus próprios mandamentos, suas leis e suas regras. Uma vez que Hannah e Heinrich eram ateus, Deus não representava nenhuma autoridade para eles, e isso os deixava livres para viver suas vidas como bem entendessem.

Ainda assim, o *Denktagebuch* de Hannah revela que ver Heinrich dar atenção a outras mulheres a deixava magoada. Todo relacionamento amoroso envolve uma negociação sobre espaço, liberdade e segurança. Quanta liberdade posso dar a você sem ameaçar minha própria liberdade? Até que ponto posso ser livre sem perder minha segurança? E imagine se meu amado encontrar alguém melhor do que eu? Esse risco está sempre presente como ameaça implícita numa relação entre duas pessoas que optam por abri-la a outros.

Hannah manifestou grande necessidade de sentir que pertenciam um ao outro, de estar na união descrita com tanta beleza em *A condição humana*. Precisava de Heinrich. Numa carta de Wiesbaden, datada de 8 de agosto de 1950, ela o expressa dessa forma: "Magro, pelo amor de Deus, minhas quatro paredes são você". Heinrich lhe responde pelo primeiro correio de Nova York:

> Você está certa sobre as paredes. Eu fui o primeiro, e isso me distingue de Jaspers, a vivenciar e aceitar plenamente o exílio, sempre podendo dizer "onde estou, não estou em casa". Mas por isso também estabeleci um lar eterno aqui neste mundo, bem no meio dele, e não em uma pátria sobrenatural de Sião, com sua ajuda e a dos amigos, para que eu possa dizer "onde estiverem um ou alguns de vocês reunidos comigo, ali é minha pátria, e onde você estiver comigo, ali é minha casa".

Para suportar a consciência de que a pessoa que você ama, a pessoa que representa toda sua segurança, se entrega a mais alguém, ri com mais alguém, está íntimo de mais alguém, é preciso confiança. Confiança de que o amor é forte o suficiente, confiança na lealdade do amado e confiança de que você mesma é digna de amor, de que possui algo que mais ninguém pode oferecer. Confiança de que vocês dois vivem algo tão único que o amado não pode ter nada igual com mais ninguém. O relacionamento de Hannah e Heinrich parece ter sido assim, apesar de tudo. A comunhão intelectual, a cumplicidade, o respeito mútuo e a lealdade entre os dois são de um tipo muito especial. A história comum de fuga e exílio certamente deve tê-los unido.

Quem sabe também seja preciso uma espécie de equilíbrio de terror? Deve ser mais fácil lidar com um relacionamento aberto se ambas as partes estiverem envolvidas em relacionamentos paralelos. Pelo menos parece que a insegurança de Hannah e seu receio de perder Heinrich para outra pessoa desapareceram quando ela mesma estabeleceu uma relação fora do casamento. Em 1950, Hannah retomou seu relacionamento com Martin Heidegger, algo que foi aceito por Heinrich. Depois disso, os dois permaneceram próximos até a morte de Hannah.

22. O reencontro

No perdão, as duas forças conflitantes que dominavam a vida e o pensamento de Hannah se encontram: o mal e o amor. Sem o mal, sem a traição, sem ofensas e mentiras, o perdão seria supérfluo. Sem o amor, o perdão seria impossível. "Só o amor pode perdoar", escreve Hannah em *A condição humana*.

O perdão tem um alto valor moral: quem perdoa é considerado caridoso e honrado. Espera-se de uma boa pessoa que ela seja magnânima e não amarga, vingativa ou rancorosa. Na tradição judaico-cristã, o perdão é um tema central, associado à remissão de uma dívida. Pelo perdão, o pecador se torna virtuoso e a culpa lhe é retirada. Portanto, o perdão é uma maneira de reabilitar quem errou e reparar uma relação estragada.

Quando ocorre uma ofensa, o equilíbrio entre os envolvidos é deslocado. Uma percepção comum é que o equilíbrio pode ser restaurado ou por meio da vingança ou por meio do perdão, mas a existência humana não é tão previsível. A vingança e o perdão representam os polos opostos na gama de reações a uma atrocidade, ao mal. No entanto, entre a vingança e o perdão há diversas atitudes e respostas possíveis, e quem não consegue ou não quer perdoar não é necessariamente uma pessoa amarga, vingativa e cheia de ódio. A escolha de não perdoar pode também ser uma expressão de respeito próprio.

O perdão é um fenômeno que ocorre entre dois indivíduos que têm, ou tiveram, algum tipo de relação entre si, uma relação que foi prejudicada ou rompida por uma traição ou uma ofensa. Hannah dominava a difícil arte de perdoar. Sua escolha de perdoar Martin Heidegger após a traição monumental dele é tão admirável quanto difícil de compreender. Onde ela encontrou forças para perdoar um homem que não apenas a traiu em nível pessoal, mas também, ativamente, apoiou uma ideologia que a considerava, e ao povo a que pertencia, como pessoas inferiores?

A resposta é o amor, esse sentimento irracional. O amor de Hannah por Martin era forte, imenso e impetuoso. A força desse amor era mais poderosa do que o desgosto pela traição à qual ele a sujeitou: a rejeição não refreou seus fortes sentimentos por Martin.

As últimas cartas trocadas entre os dois antes da fuga de Hannah foram amargas. Hannah exigiu esclarecimentos sobre a postura dele em relação a Hitler e a ideologia nazista, querendo saber se ele, assim como diziam os boatos, tinha opiniões antissemitas. Martin lhe enviou uma resposta indignada, negando enfaticamente que discriminava estudantes e colegas judeus e manifestando consternação por Hannah dar ouvidos a esse tipo de coisa. Ela, mais que qualquer um, deveria saber que ele não tinha nada contra judeus.

Até onde sabemos, Hannah não respondeu à carta que Martin lhe mandou no início de 1933. Em agosto do mesmo ano, ela saiu da Alemanha. O contato entre os dois foi cortado, mas sua obsessão por ele permaneceu e, ao fugir da Alemanha, ela levou consigo todas as cartas que ele lhe havia enviado. O relacionamento não havia acabado, de maneira alguma. Talvez esse tenha sido o motivo pelo qual ela o procurou de novo, para pôr um ponto-final, para receber respostas a suas perguntas, para forçá-lo a ouvir.

Em 1949, quatro anos depois do fim da guerra, Hannah voltou à Europa pela primeira vez. A pedido da organização Reconstrução Cultural Judaica, sua missão era procurar e reunir livros, manuscritos e outros artefatos culturais judaicos no intuito de mapear o que restava da herança dessa comunidade na Europa. Foi uma viagem impactante. Em novembro ela desembarca em Paris e escreve a Heinrich que começou a chorar de alegria ao rever a cidade: "Meu Deus, como essa cidade é linda! Nunca é possível se lembrar de tudo!".

Em dezembro ela segue para Bonn e viaja pela Alemanha visitando Wiesbaden, Frankfurt, Wurzburg, Nuremberg, Erlangen e Heidelberg. Na cidade suíça de Basileia, encontra Karl Jaspers e sua esposa, e é claro que surge o assunto de Martin Heidegger. Karl, que ainda está profundamente decepcionado com o comportamento de Heidegger durante a década de 1930, lhe conta que retomou o contato, apesar de tudo. A Karl, Hannah revela seu relacionamento com Martin e recebe uma reação bastante comedida: "Mas que interessante". Karl não fica muito impressionado com sua história de amor.

Em 7 de fevereiro de 1950, Hannah chega a Friburgo. No mesmo dia, entra em contato com um colega de Martin, Hugo Friedrich, professor titular de línguas românicas, para conseguir o endereço de Martin. Entretanto, numa carta a Heinrich datada de 3 de janeiro, ela se mostra ambivalente diante da possibilidade de um encontro com seu ex-amante: "Vou deixar tudo ao acaso. As cartas dele para Jaspers, que ele me deu para ler, eram todas como antes: a mesma mistura de autenticidade e falsidade, ou melhor, covardia [...] Na casa de Jaspers, perdi um pouco de meu entusiasmo por Heidegger".

Apesar de sua ambivalência, ela manda uma mensagem a

Martin, na qual indica o hotel onde está hospedada, sugerindo que ele vá até lá para encontrá-la. E, às seis e meia daquela mesma noite, o próprio Martin aparece no hotel de Hannah com uma resposta por escrito, pois o casal Heidegger não possui telefone. Martin a convida a visitá-lo em sua casa às oito horas.

Exatamente o que acontece entre Hannah e Martin naquela noite, a maneira como as palavras são ditas, que recriminações, explicações e desculpas são proferidas, não sabemos — mas que o encontro é bem-sucedido fica evidente na carta que Hannah envia a Martin em 9 de fevereiro de 1950:

> Aquela noite e a manhã seguinte são a confirmação de uma vida inteira, na verdade, uma confirmação jamais esperada. Quando o garçom disse seu nome (eu realmente não estava esperando você), era como se o tempo de repente parasse. No mesmo instante percebi o que não tinha admitido nem a mim mesma, nem a você, nem a ninguém antes, que a força do impulso, depois que Friedrich me deu seu endereço, me salvou de cometer a única infidelidade realmente imperdoável e desperdiçar minha vida. Mas há uma coisa que você deve saber (já que não nos temos comunicado muito nem com grande liberdade): se eu o tivesse feito, teria sido apenas por orgulho, ou seja, por pura e insana estupidez. Não por nenhum outro motivo.

A intensidade dos sentimentos de Hannah não deixa dúvidas. É como se voltasse a ser a apaixonada garota de dezoito anos. Ela se expressa com o mesmo fatalismo, o mesmo romanticismo. Ainda assim, já se passaram 26 anos desde o primeiro encontro com Martin e 17 anos desde a última vez que tiveram contato. A essa altura, Hannah está com 44 anos de idade, uma carreira acadêmica brilhante e um casamento feliz. Martin, aos 63 anos, já foi expulso dos círculos que antes giravam em torno dele e se encontra cansado e abatido depois de um prolongado processo de desnazificação que o desgastou muito. Na primavera de 1946, ele sofreu um colapso nervoso e foi internado por um longo período numa casa de repouso.

A situação, portanto, era completamente diferente daquela dos anos nos quais Hannah estava perdidamente apaixonada por um admirado professor muito mais velho. Em 1950, era Martin que se encontrava em desvantagem. Ela poderia ter se aproveitado disso para se vingar, para lhe dizer que homem deplorável e desprezível ele era. Martin não tinha como saber quais eram as pretensões de Hannah com o encontro. Não sabia por que ela queria vê-lo. Iria criticá-lo? Puni-lo? Contar-lhe quanto o odiava? Apesar do risco evidente de que o encontro com a ex-amante fosse muito desagradável, Martin optou por convidá-la para sua casa.

A carta que ele lhe escreve na manhã seguinte ao reencontro, em 8 de fevereiro, é calorosa e cheia de esperança:

> Ficam os vestígios do imprevisto da bela noite de ontem e desta manhã alegre. O essencial sempre acontece de repente. Em nossa língua, *Blitz*, "relâmpago" ou "flash", na verdade quer dizer *Blick*, "olhar". Mas o repentino, seja ele bom ou ruim, requer um longo tempo de gestação. Por isso me entristece que as horas tenham sido tão breves. Por isso aguardo com ainda mais alegria seu regresso, querida Hannah. Será o mais lindo de tudo, pois agora o passado e o presente foram trazidos com igual pureza à luz. Sei que você também se alegra ainda mais com essa pureza e por ela pertencer a nós.

É evidente que o encontro teve um profundo impacto emocional também em Martin. Assim como Hannah, ele considerava aquele o primeiro de muitos encontros. Seu relacionamento rompido foi reatado, restabelecido e "tudo já foi contado", como disse Martin. Elfride, sua esposa, estava bem ciente do amor que ele havia nutrido por Hannah, e, de acordo com Martin, aceitou a importância dela em sua vida: "De forma alguma, minha esposa quis infringir o destino de nosso amor", escreveu ele.

Como Hannah reage ao fato de que a mulher por quem muitas vezes, em cartas e conversas com amigos, havia manifestado desprezo e desconfiança, de repente quer dar sua aprovação ao amor de seu marido por ela? Provavelmente, com sentimentos ambivalentes. A pedido de Martin, Hannah escreve uma carta a Elfride. O tom é sincero, e Hannah não tenta esconder o fato de que desaprova a postura que Elfride assumiu durante a guerra. Tampouco pede desculpas por ter tido um caso de amor com seu marido. Não obstante, termina a carta manifestando o desejo de encontrá-la.

A noite de fevereiro em Friburgo será o primeiro capítulo da segunda parte da história de Hannah e Martin. Ela parece ter avivado uma chama adormecida em Martin, que já na semana seguinte ao reencontro envia cinco poemas dedicados a Hannah. Depois, ele a corteja intensamente com frequentes cartas e poesias. São cartas românticas, até sedutoras. Elogia sua aparência e adora lembrá-la dos tempos passados, de livros e músicas de que ambos gostavam, de memórias compartilhadas e conversas anteriores.

Em 2 de março do mesmo ano, eles se veem novamente. Dessa vez ficam juntos por quatro dias. A julgar pelas cartas trocadas a seguir, Hannah então falou, com sinceridade e sem poupar Martin, sobre o sofrimento que ele lhe havia infligido, sobre a dor que sua traição lhe causara, sobre a solidão que havia sentido enquanto o esperava em vão, sobre a angústia por ele não dar sinal de vida e sobre o medo de deixar o amor entrar em sua vida depois dele. Martin retoma as conversas desses dias em várias cartas. De Messkirch, escreve para Hannah em 4 de maio de 1950:

> No dia 2 de março, quando você voltou, ocorreu "o meio", trazendo o que foi ao que perdura. O tempo se reuniu na quarta dimensão da

proximidade, como se tivéssemos saído diretamente da eternidade e a ela regressássemos. Você perguntou se era real. Sim, até o Ser foi superado. Minha confidentíssima, isso você deve saber: "*pensado* e terno" — nada esquecido, nem a contraposição — toda sua dor, dificilmente mensurada, e toda minha falta, sem dissimulação, ressoaram numa longa badalada da campânula de nossos corações. Soaram à luz matinal, que dias depois o tempo distante, agora já recuperado, deixou raiar sobre nós. Você — Hannah — você.

Ela o perdoou, e Martin estava grato por isso. Por meio do perdão, o passado doloroso dos dois se tornou nulo: "O perdão serve para desfazer os atos do passado", escreve Hannah em *A condição humana*, e seu perdão a Martin foi um exemplo perfeito disso. O perdão abriu uma possibilidade de futuro. No perdão, a culpa de quem errou é removida, e o equilíbrio, restabelecido. É aí que reside o poder do perdão. Se não pudéssemos perdoar uns aos outros, no sentido de mutuamente descarregar as consequências de nossos atos, nossa capacidade de agir seria restrita a um único ato e seríamos prisioneiros de suas consequências pelo resto da vida. O perdão quebra as amarras e nos liberta do passado.

O perdão tem seu lugar nos relacionamentos humanos entre duas pessoas que se encontram numa relação de amizade ou amor. É um trabalho emocional e moral. O perdão demora, e dói. Um relacionamento rompido, a ausência de um amigo ou amante, também envolve sofrimento, e se o relacionamento rompido ou a amizade perdida representa uma dor maior do que a traição que levou ao rompimento, há motivos de sobra para o perdão.

Hannah e Martin preservaram uma relação calorosa pelo resto da vida. Escreviam cartas, ora várias por mês, ora uma ou duas por ano. Depois do tom recém-apaixonado do primeiro ano, a correspondência entre os dois passou a ser dominada por discussões mais intelectuais. Hannah pedia conselhos a seu ex-orientador, eles liam os textos um do outro, trocavam críticas e elogios.

Hannah tentava encaixar uma visita a Martin e Elfride sempre que estava na Alemanha por algum motivo, e em algumas ocasiões Heinrich também a acompanhou. Admirava Martin como filósofo e encorajou sua esposa a manter contato com ele. Entendeu o que Hannah significava para Martin e ficou impressionado com o lugar que ela ocupava na vida do grande filósofo. Evidentemente, Heinrich conhecia a história de amor entre Hannah e Martin, mas a via como um romance juvenil, uma paixão que pertencia ao passado. Martin Heidegger não representava uma ameaça ao casamento de Heinrich e Hannah.

Ambos haviam criado uma vida juntos. Sem ele, Hannah não conseguia viver; afinal, Heinrich era "suas quatro paredes", e o amor que ela sentia pelo marido se assentava numa sólida base de confiança. Entre os dois havia lealdade, dedicação, honestidade e amizade. A atitude de Hannah em relação a Martin era mais difícil de definir — talvez uma obsessão, uma dependência irracional. Seja o que fosse, a amizade com Martin nunca poderia ter continuado sem o apoio de Heinrich. A desconfiança de Hannah em relação a Martin era tão grande quanto a confiança que depositava em Heinrich, e, sem a sensação de segurança fundamental que Heinrich lhe oferecia, ela nunca teria ousado reatar o relacionamento com Martin.

Mas por que era importante para Hannah ter Martin em sua vida? Por várias razões. Martin tinha, assim como Hannah, uma formação clássica, dominava grego e latim, tinha lido os mesmos pensadores que ela — afinal, foi seu orientador — e ambos tinham as mesmas referências. Intelectualmente, ele se equiparava a ela de uma maneira que ninguém mais podia. Também tinham uma história em comum, as lembranças de uma Alemanha, uma Europa, anterior à dilaceração causada pela Segunda Guerra, que caracterizava o pensamento e a evolução dos dois. Além do mais,

Hannah deve ter se sentido muito lisonjeada por ser a eleita do grande filósofo, sua alma gêmea. Deve ter agradado sua vaidade o fato de, agora, quem precisava dela era ele.

Elfride aceitou Hannah, embora as duas mulheres nunca se tornassem grandes amigas. Afinal, eram muito diferentes, e a competição por Martin, muito intensa. Elfride olhou para a mulher mais nova com desconfiança, mas foi sábia o suficiente para não exigir que Martin rompesse com Hannah mais uma vez.

Além do mais, Elfride compreendeu o importante papel de Hannah em restaurar a imagem pública de Martin. Após a reconciliação em 1950, Hannah assumiu a tarefa de ser a agente não remunerada de Martin, encarregando-se de promover a publicação de seus livros em inglês, negociar contratos em seu nome e falar bem dele aos céticos. Para o casal Heidegger, o envolvimento de Hannah caíra do céu. Martin havia sido proibido de lecionar, e suas perspectivas antes gloriosas foram frustradas em consequência de sua postura durante a guerra. Suas finanças estavam extremamente precárias, e cada livro vendido era uma importante contribuição para o orçamento da casa.

De fato, Hannah acabou sendo crucial para a reabilitação da reputação manchada do ex-amante. Certa vez comparou Martin a Tales, o antigo filósofo grego que estava tão absorto observando as estrelas que não percebeu ter caído num poço. A essência da comparação é obviamente que Martin Heidegger estava tão ocupado contemplando coisas filosóficas que não notou os acontecimentos mundanos para os quais também contribuía.

Hannah tornou-se sua mais fervorosa defensora, fazendo de tudo para desculpar, abafar e diminuir a associação de Martin com o nazismo e seu apoio declarado a Hitler e o Terceiro Reich. Em sua homenagem *Martin Heidegger faz oitenta anos*, Hannah chega a absolvê-lo, caracterizando o envolvimento de Martin com o nazismo como "um erro" que durou apenas "dez curtos e agitados meses". Em seu tributo, ela escreve que "Heidegger corrigiu seu erro mais rápida e radicalmente do que muitos daqueles que mais tarde o julgaram", alegando que ele "assumiu mais riscos do que era comum nas universidades alemãs da época".

É perturbador ler seu tributo incondicional a Martin, pois não há nenhuma prova empírica de sua afirmação, nenhum documento ou testemunha que apoie sua declaração de que Martin Heidegger nunca professou o nazismo. A lealdade e o amor que sentia por ele a cegaram. Em 1969, quando Hannah escreveu o tributo, era de conhecimento geral que ele tinha sido membro do NSDAP (Partido Nacional-Socialista dos Trabalhadores Alemães) de maio de 1933 até a extinção do partido, em maio de 1945. Ela estava ciente do infame discurso que Martin proferira por ocasião de sua posse como reitor da Universidade de Friburgo em 1933, quando decidiu romper com ele, mas acabou relativizando o fato ao falar desse período como "dez curtos e agitados meses". É evidente que Hannah se deixou influenciar fortemente pela versão de Martin sobre sua conduta antes e durante a guerra.

Na primavera de 2014, muitos anos depois das mortes de Hannah e Martin, foram publicados os três primeiros volumes dos diários dele, cobrindo o período de 1931 a 1941. No inverno de 2015, seguiram-se os diários de 1942 a 1948. O título dado pelo próprio Martin foi *Cadernos Negros*, uma referência aos cadernos de capas pretas enceradas que usava para escrever. No entanto, o nome adquiriu um significado mais sinistro após a publicação, pois as palavras de Martin mostram com toda a clareza possível que ele era um membro convicto do NSDAP. Compartilhava os princípios e os valores fundamentais do partido e acreditava no poder e na capacidade do nazismo de colocar a Alemanha no rumo certo. Além do mais, nos últimos diários fica claro que Martin estava ciente do Holocausto e o considerava parcialmente culpa dos próprios judeus.

Depois da leitura dos *Cadernos Negros* de Martin, é muito difícil não chegar à conclusão de que ele era um seguidor convicto e devoto de Hitler. Hannah foi poupada de lê-los.

Como Hannah teria lidado com as informações contidas nesses diários? Naturalmente, é impossível saber, mas não é de todo impossível que ela, apesar do conteúdo, o tivesse perdoado. Ninguém além de Hannah pode responder à pergunta se perdoar Martin foi certo ou errado.

A filósofa americana Margaret Holmgren acredita que três perguntas sempre devem ser feitas quando se discute o perdão: ele é compatível com o respeito próprio de quem perdoa? É compatível com o respeito pelo transgressor como agente moral? É compatível com o respeito pela moralidade? Sua conclusão é que o perdão não só é compatível com essas três formas de respeito como o respeito também exige de nós que perdoemos. Se realmente respeitamos a nós mesmos, precisamos fazer o máximo para desenvolver as atitudes condizentes, e o perdão é uma delas. O respeito pelo transgressor como pessoa moral torna o perdão uma resposta adequada, uma vez que a dignidade humana do transgressor é reabilitada e confirmada por meio do perdão. Por fim, Margaret entende que o respeito pela moralidade significa que devemos fazer um esforço para desenvolver uma atitude moral que também inclui quem errou.

Margaret tem pontos válidos, mas também há bons motivos para questionar sua argumentação. Quem perdoa facilmente talvez não o faça com base no respeito próprio, mas sim como uma expressão da falta desse respeito. Quem perdoa sem refletir talvez não se sinta no direito de fazer exigências e, portanto, se submete à vontade do outro em vez de fazer valer sua própria dignidade e seus próprios direitos. Em tal situação, o perdão é antes um vício do que uma virtude, pois quem perdoa deixa de respeitar o valor moral inerente a sua própria pessoa: de que ela é um fim em si mesma.

O perdão de Hannah foi leviano? Um sinal de falta de respeito próprio? O perdão é também um ato de vontade, e quem decide perdoar o que aos olhos dos outros parece imperdoável deve ter boas razões para fazê-lo. Ao escolher perdoar Martin, Hannah concedeu a ambos uma segunda chance, e, ao que tudo indica, ele não lhe deu motivos para se arrepender da decisão. A dor de ficar sem Martin teria sido maior do que a dor que ele já lhe infligira.

23. O perdão impossível

O perdão foi considerado um fenômeno teológico e possivelmente psicológico cuja análise era deixada aos teólogos e aos estudiosos do comportamento humano. Isso mudou depois da Segunda Guerra e do Holocausto. Como o mundo, a própria humanidade, lidaria com tamanha crueldade? Nesse contexto, filósofos, cientistas políticos, juristas e outros começaram a se interessar pelo perdão como uma possível atitude diante do mal, da atrocidade e da injustiça. Alguns o viram como uma maneira de curar o mundo, enquanto outros argumentaram que depois do Holocausto o perdão não era mais possível.

Simon Wiesenthal sobreviveu a vários campos de concentração, incluindo Mathausen, para onde foi mandado em 1945. Durante seu tempo lá, elaborou listas de todos os nazistas que encontrara durante a guerra, desenhando-os de memória, anotando seus nomes e outras informações de que se lembrava. Depois da guerra, fundou o Centro de Documentação Judaica, uma organização cujo objetivo era identificar e localizar nazistas a fim de conduzi-los à justiça. Wiesenthal ficou conhecido como "caçador de nazistas" e foi responsável por levar um grande número de criminosos de guerra nazistas a julgamento. Ele fez questão de frisar que estava em busca de justiça, não de vingança. Mas e o perdão?

No livro autobiográfico *Die Sonnenblume: Über die Möglichkeiten und Grenzen von Vergebung* [O girassol: sobre as possibilidades e os limites do perdão], Simon Wiesenthal conta como um dia, no campo de trabalho nazista de Lemberg onde está internado, é convocado e levado por uma enfermeira para um moribundo soldado da ss cujo último desejo é confessar seus pecados a um judeu, na esperança de ser perdoado. O soldado está muito atormentado pelas lembranças das atrocidades de que participou, e Simon é obrigado a ouvir sua narração sobre mulheres e crianças assassinadas, judeus incinerados e tortura. Não consegue decidir se o perdoa ou não, mas no fim opta pelo silêncio e sai da sala sem uma palavra. Vários anos depois da guerra, ele ainda se questionava sobre se fizera ou não a coisa certa. Talvez devesse ter perdoado o soldado agonizante. Talvez tivesse o dever moral de conceder o último desejo a um moribundo.

Simon Wiesenthal deixa 53 pessoas responderem à sua pergunta, e suas reflexões em torno do dilema moral são apresentadas no livro *Die Sonnenblume*. Os homens e as mulheres que respondem são teólogos, historiadores, psicólogos, ativistas dos direitos humanos, advogados, sobreviventes do Holocausto e criminosos nazistas condenados. A grande maioria acredita que Wiesenthal fez o certo ao não perdoar. Curiosamente, Albert Speer, ministro do Armamento da Alemanha nazista e condenado por crimes contra a humanidade, está entre os que acham que Wiesenthal não deveria ter perdoado. Ele acredita que os crimes cometidos pelo nazismo são grandes demais. Alguns, como Jean Améry, ele mesmo um sobrevivente, estão incertos, talvez pela indefinição em torno do conceito: o que, na verdade, significaria perdoar naquele contexto? Uma minoria, como o Dalai Lama e Desmond Tutu, pensam que a atitude amorosa seria perdoar.

Que resposta daria Hannah à pergunta de Simon Wiesenthal? Em *A condição humana*, ela descreve o perdão como "o único remédio para a irreversibilidade". Discute o poder do perdão para libertar tanto a vítima como o perpetrador dos atos passados. Será que liberaria o soldado da ss de sua agonia? É duvidoso. Hannah defende a ideia de que existem ações — e indivíduos — imperdoáveis. Em *Responsabilidade e julgamento*, discute o perdão em relação ao *skandalon*, ou seja, atos genuinamente maus, abordando as posturas diante do mal e argumentando que podemos escolher a vingança e o castigo ou o perdão. No entanto, há atos tão hediondos que é impossível impor um castigo razoável e justo. O dano causado por tais atos é imensurável e, portanto, foge ao âmbito do perdão.

Afinal, escreve Hannah, o que se perdoa é a pessoa. Uma pessoa que cometeu atos genuinamente maus e causou incomensurável crueldade não pode ser perdoada, pois se privou de sua própria personalidade: "No mal sem raiz, não resta nenhuma pessoa a quem se possa perdoar". A discussão de Hannah tem como ponto de partida o pensamento de Kant em torno do malfeitor que atrai a punição sobre si mesmo por meio de seus atos e nega sua inerente dignidade humana ao violar o imperativo categórico. Ele anula sua própria humanidade e, por conseguinte, não é mais alguém que se possa perdoar.

O ser humano não tem o poder de reparar o *skandalon*. Hannah argumenta que quem comete esses atos genuinamente maus não pode mudar nem ser reabilitado por meio do perdão ou da punição, pois tais atos, tal maldade, são crimes contra a própria ordem universal. "Seria melhor para ele que se lhe atassem ao pescoço uma pedra de moinho e que fosse precipitado ao mar", escreve Hannah, citando as palavras do evangelho de Lucas.

É claro que o mal a que se refere aqui é de outra ordem e não o mal que se manifesta em traição, mentiras, infidelidades e quebra de promessas. Talvez devêssemos reservar o conceito do mal às mais graves violações da dignidade humana. O mal que se configurou no Holocausto, um genocídio bem planejado, deliberado e metódico, é algo muito diferente do que as traições às quais Heidegger sujeitou Hannah. Sim, ele simpatizava com a ideologia nazista, mas não tinha sangue nas mãos.

Se o perdão não é possível, o que é? Quem se recusa a perdoar acaba sendo um prisioneiro do passado, absorto em pensamentos de vingança? Não é possível perdoar um genocídio, mas é possível se reconciliar com o que aconteceu. Enquanto o perdão significa que a culpa é tirada do transgressor, a reconciliação significa que quem se reconcilia continua afirmando que ocorreu algo errado, mas aceita o que aconteceu. O psicólogo social sueco Lasse Dencik descreve a distinção da seguinte maneira:

> Reconciliação não é o mesmo que perdão. Preciso me reconciliar com o fato de que a maioria da minha família foi assassinada nos campos de extermínio dos nazistas, mas não devo, não posso, nem quero jamais perdoar os nazistas que mataram meus parentes.

24. Amor sem sofrimento

Como se suporta uma vida tão sofrida quanto a de Hannah? Uma resposta tem a ver com a própria Hannah, com a pessoa que ela foi. Hannah levava as coisas muito a sério, mas também possuía a capacidade de ver o lado absurdo da existência. Ria muito e com frequência, e tinha, como pessoas inteligentes tendem a ter, um senso de humor afiado. Também era capaz de valorizar as pequenas coisas da vida cotidiana. Não estava inclinada a se entregar. Batalhava, protestava e trabalhava porque acreditava que era seu dever e porque a alternativa, ficar calada e desistir, era impossível.

Outra resposta tem a ver com as pessoas de quem ela se cercava: Heinrich, sua mãe Martha — duas pessoas infalivelmente leais a Hannah —, mas também os muitos e bons amigos que tinha. Os amigos cuidavam dela, assim como ela cuidava deles.

A amizade é uma forma particular de amor, livre das ansiedades inerentes ao amor romântico e apaixonado. Hannah discute essa forma especial do amor, o *dilectio proximi*, em sua tese de doutorado, *Der Liebesbegriff bei Augustin* [O conceito de amor em Santo Agostinho]. Agostinho emprega apenas um termo para descrever o amor — *appetitus* —, mas Hannah acredita ter encontrado outras discussões sobre a natureza do amor nos textos dele, descrições de um amor que não é exigente, mas recíproco — o amor ao próximo. Esse amor recíproco é diferente do desejo que caracteriza o amor erótico ou romântico e difere do amor altruísta e abnegado que se doa. O amor ao próximo se caracteriza pela reciprocidade e a cooperação, um amor amigo.

Exatamente que tipo de relacionamento é a amizade? Epicuro diz que a amizade precisa ser cultivada como um jardim. Assim como o amor, requer nutrição e dedicação, mas carece da dor e do sofrimento que vêm com o amor romântico ou erótico. A amizade é amor sem sofrimento, mas isso não significa que seja uma relação fácil. Ela também pode, como a própria Hannah vivenciou, ser dramática e causar decepção.

De acordo com Hans Jonas, Hannah possuía "um raro dom para a amizade". Na expressão de Epicuro, ela sabia cultivar as amizades. Hannah era muito confiável, uma companheira fiel e atenciosa, algo que fica evidente nas numerosas cartas que escreveu para seus amigos no mundo inteiro. Sobretudo sua correspondência com a escritora Mary McCarthy mostra isso. As cartas que Hannah e Mary trocaram entre 1949 e 1975 foram publicadas no volume *Entre amigas: a correspondência de Hannah Arendt e Mary McCarthy*.

Hannah e Mary se conheceram em 1944, no The Murray Hill Bar, em Manhattan, e ficaram amigas de imediato. Depois de quase três anos nos Estados Unidos, Hannah havia começado a se estabelecer como escritora e estava se tornando parte do círculo de intelectuais nova-iorquinos do qual Mary McCarthy já era integrante natural. Mary, seis anos mais nova, ficou órfã ainda pequena, em 1918, com a morte de seus pais na grande epidemia da gripe espanhola. Cresceu em condições precárias com os avós paternos, que eram católicos, e foi abusada por um tio. Excelente aluna, conseguiu escapar de suas origens humildes por meio dos estudos. Frequentou o Vassar College e começou a escrever para revistas intelectuais, construindo seu nome como crítica liberal tanto do comunismo como do macarthismo. Quando se tornou amiga de Hannah, já havia publicado seu primeiro e aclamado romance, *The Company She Keeps*.

Mary apreciava a mente cética de Hannah e sua educação europeia, e Hannah se deleitava com o temperamento americano, achando-o menos sombrio e mais alegre que o do Velho Mundo. "Suas discussões são sem fanatismo e sua argumentação, surpreendentemente receptiva", diz Hannah sobre seus novos amigos americanos numa carta a Karl Jaspers em 1946. "Todos os intelectuais aqui já são da oposição, só pelo fato de serem intelectuais [...] e sua necessidade de se rebelar contra o deus do sucesso", acrescenta. Hannah, que, decepcionada, prometera a si mesma ao deixar a Alemanha que nunca mais se associaria a acadêmicos e intelectuais, que criara um profundo desprezo por intelectuais elitistas e oportunistas, recuperou, nos Estados Unidos, a esperança na liberdade do pensamento.

Hannah e Mary tinham temperamentos fortes e o mesmo humor afiado. Entretanto, um fato poderia ter posto fim à amizade logo na fase inicial. Num jantar em 1945, Mary fez um comentário de mau gosto sobre Hitler que deixou Hannah furiosa. Mary havia dito que sentia pena de Hitler por ele ser tão absurdo a ponto de esperar ser amado por suas vítimas. Hannah revidou no mesmo instante: "Como pode dizer uma coisa dessas na minha frente — eu, vítima de Hitler, alguém que passou por um campo de concentração?". Ela logo virou as costas e saiu em disparada do jantar.

Levou três anos para Hannah perdoar Mary pelo comentário irrefletido. "Vamos acabar com essa bobagem. Nós duas temos muitas ideias em comum", disse Hannah a Mary ao se encontrarem num seminário onde acabaram no mesmo lado do debate. Imediatamente e sem reservas, Mary pediu desculpas por seu comentário estúpido sobre Hitler, e Hannah, por sua vez, admitiu que nunca esteve num campo de concentração, mas sim num campo de internação. Depois desse incidente, as duas continuaram amigas íntimas pelo resto da vida, sem necessidade de disfarçar, de fingir que eram outra pessoa ou outra coisa. Em janeiro de 1965, Mary escreve a Hannah de Paris:

> Querida Hannah, quando vamos nos ver de novo? Sinto tanto sua falta. Aqui em Paris não tenho amigos de verdade, e isso é simplesmente um fato. Amigos como Sonia [Orwell] e Anjo Lévi precisam ser tratados com tanta delicadeza, ou antes, com tanta impaciência reprimida, que é impossível ficar totalmente à vontade com eles.

Com um amigo de verdade, você não precisa fingir, medir as palavras ou ter medo de cometer uma gafe. Na companhia dele, tem-se uma sensação fundamental de confiança e segurança, o que leva ao relaxamento e ao se sentir à vontade. Pode-se pensar alto, aventar ideias inacabadas e desabafar sobre qualquer tipo de receio, esperança, ideia ou assunto.

Um dos muitos tópicos que as duas amigas abordaram em suas cartas foi a própria amizade e a importância da conversa para a amizade. É ao contar sobre sua vida para o outro, para o amigo, que você de certa forma a entende. "Não se pode dizer como a vida é, como a sorte ou o destino trata as pessoas, a não ser contando a história", escreve Hannah a Mary em maio de 1971. A história precisa de alguém que a escute, um ouvido amigo que a receba. Como diz o filósofo Martin Buber, é no encontro com o *tu* que nos tornamos um *eu*.

"A vida não é o que se viveu, e sim o que se recorda, e como se recorda para contá-la", escreve Gabriel García Márquez em *Viver para contar*. Ao contarmos aos outros sobre nós, sobre nossas experiências, nossas vidas, contamos também a nós mesmos. O filósofo da religião Don Cupitt acredita que a vida do ser humano é composta de muitas pequenas narrativas: contamos nossa vida invocando significado e identidade, dando a nós mesmos um passado e um futuro. Somos formados por nossas memórias, pelo que escolhemos lembrar, por como contamos nossas memórias — e para quem.

Aristóteles, um dos filósofos a quem Hannah recorria com frequência, discutiu a natureza e o valor da amizade em vários textos. De acordo com ele, não é possível ser sensato ou bom sozinho. Uma pessoa precisa de outras pessoas — amigos — para ser humana. A pessoa solitária, diz Aristóteles em *Política*, "é um animal ou um deus". O ser humano é um ser socialmente ativo que frequenta a sociedade e busca amigos. Segundo Aristóteles, *fronesis* — a sabedoria prática, o bom senso e a capacidade de tomar decisões equilibradas — pode somente ser desenvolvida na amizade.

Em *Ética a Nicômaco*, Aristóteles descreve a amizade como a vontade de fazer o bem para outra pessoa, de querer o bem do outro. Ele pensava também que a amizade é necessária para a evolução moral do ser humano: nós nos espelhamos uns nos outros, e bons amigos nos tornam pessoas um pouco melhores. Ter bons amigos sempre foi considerado uma riqueza, até mesmo uma necessidade.

Aristóteles observa que, ao unir forças com seus amigos, o homem possui mais recursos intelectuais e práticos. Hannah compreendeu e sentiu isso inúmeras vezes em sua vida. Ela contou com a ajuda dos amigos, assim como eles podiam contar com a sua ajuda, sobretudo durante os anos de exílio na França. Aristóteles considerava a amizade, ou antes, a capacidade de praticar a amizade, uma virtude, isto é, uma qualidade do caráter da pessoa que a ajuda a viver uma boa vida. A amizade não é apenas necessária; também é nobre. Segundo Aristóteles, com a ajuda de nossos amigos, nos tornamos pessoas melhores. Ao menos se escolhermos nossos amigos com cuidado.

Naturalmente, as reflexões de Aristóteles sobre a amizade têm como base a amizade masculina. Em seu mundo de ideias, as mulheres eram praticamente inexistentes, ou seja, seu ideal é a amizade masculina e cortês. Entre esses homens de igual valia, há três tipos de amizade, baseados na utilidade, no prazer ou na virtude. Haveria alguma diferença entre a amizade masculina e a feminina? Acho improvável. Algumas pessoas usam os relacionamentos para conseguir vantagens, escolhendo amigos que lhes podem ser úteis de alguma maneira. Outras buscam o prazer. Segundo Aristóteles, as amizades baseadas no interesse ou no prazer nunca são duradouras. Os relacionamentos de amizade mais profundos e estimulantes existem entre duas pessoas que se escolheram por apreciar as virtudes uma da outra. Elas podem crescer juntas e assim se tornar melhores e mais sábias do que seria possível se estivessem sozinhas. Talvez, mas apenas talvez, essa seja a diferença decisiva entre a amizade e o amor: o amor é volúvel; a amizade, constante.

A essência da amizade foi também um dos assuntos que interessaram Heinrich. Com base em Aristóteles, ele discutiu o amor e a amizade em diversas palestras. A seu ver, a amizade era amor sem eros, ou desejo. Na última preleção que deu, em 1968, discorreu justamente sobre a amizade, sugerindo que ela surge quando eros não está mais no caminho. O desejo erótico presente no início já não impulsiona o relacionamento; o que conta numa relação de amizade são duas personalidades que se respeitam, dão espaço uma à outra, se reconhecem como são e promovem a evolução uma da outra.

A família de Hannah e Heinrich era composta de amigos, amigos que eles conheceram na Alemanha, amigos que encontraram durante o exílio na França, e outros que se juntaram ao círculo nos Estados Unidos. Para Hannah, os amigos eram o centro de sua vida. Ela lhes dedicou livros, contribuiu para homenagens e publicações comemorativas, retratou-os em palavras, divulgou seus textos, citações e histórias, mediou contatos, lembrou de seus aniversários, lamentou suas dores, enviou cartas e presentes, cozinhou e os convidou para jantares, escutou-os e lhes deu bons conselhos — mas nunca teve pena deles. Como diz Elisabeth Young-Bruehl em sua biografia *Por amor ao mundo: vida e obra de Hannah Arendt*, ela era "fluente na linguagem da amizade".

Nos Estados Unidos, Hannah e Heinrich se cercavam de escritores, poetas, artistas e outros intelectuais. Alguns eram novos conhecidos e outros, como Peter Huber, eram amigos que também foram forçados a sair da Europa.

Com frequência, eles se reuniam na casa de Hannah e Heinrich para comer, beber e conversar. O coração do apartamento na Riverside Drive era uma grande sala de estar, mobiliada com sofás e poltronas, várias mesinhas atulhadas de cinzeiros, cigarros, fósforos, tigelas de nozes e bombons. As paredes estavam cobertas de estantes abarrotadas de livros, e a mesa de trabalho de Hannah ficava em frente à grande janela com vista para o rio Hudson. Era uma casa criada para a confraternização e o trabalho. No verão, eles saíam de Nova York e viajavam juntos para continuar as conversas em outras paragens, no litoral ou na região serrana.

Embora Hannah se cercasse de muitos e bons amigos, também procurava a companhia de pessoas já falecidas, lendo seus livros, tentando compreender seus argumentos e se deixando influenciar. Na antologia *Homens em tempos sombrios*, ela retrata dez de seus amigos, pessoas que foram muito importantes para sua vida, para suas ideias e para seu desenvolvimento intelectual. Com alguns dos retratados ela mantinha um diálogo constante enquanto escrevia o livro, como Karl Jaspers. Outros, como Walter

Benjamin, eram saudosos amigos que a morte havia arrancado dela e do mundo. Outros ainda eram amigos que ela conheceu na literatura, mas nunca na vida real, como Rosa Luxemburgo.

Uma das pessoas que parecem ter tido o maior impacto sobre Hannah é Rahel Varnhagen. Nascida em 1771 e morta em 1833, Rahel faleceu muito antes de Hannah nascer. Viveu em Berlim e, assim como Hannah, era uma judia extremamente culta e talentosa. Rahel atuava como anfitriã de um lendário salão onde as elites intelectuais e acadêmicas da época se reuniam, e seu círculo incluía figuras ilustres como Hegel, Schlegel, Fichte, Schleiermacher e os irmãos Humboldt.

Com a ajuda das cartas deixadas por Rahel Varnhagen, Hannah escreveu uma ambiciosa biografia sobre ela, convivendo intensamente e durante vários anos com essa mulher falecida havia um século. Rahel foi uma amiga fiel, sobretudo durante os anos solitários e atribulados antes de Hannah deixar a Alemanha, época em que passou tempo demais aguardando cartas ou visitas de Martin. Foi também nesses anos que Hannah começou a refletir seriamente sobre o significado de sua herança judaica.

Nisso, Rahel era uma amiga com quem contar, pois cem anos antes ela também se vira às voltas com sua identidade judaica. Hannah abre o livro sobre Rahel citando suas supostas palavras no leito de morte: "Aquilo que durante tanto tempo da minha vida me pareceu a maior ignomínia, o mais amargo sofrimento e infortúnio, o fato de eu ter nascido judia, eu agora não perderia por nada".

O crítico literário Wayne Booth descreve o ato de ler como um relacionamento e acredita que essa relação deve ser vista como uma forma de amizade. Booth se interessa pelo efeito da literatura sobre o leitor: que acontece no encontro entre leitor e texto? Ele faz referência à classificação aristotélica das diversas formas de amizade, argumentando que é preciso escolher seus amigos literários com cuidado. Afinal, os livros que lemos e as pessoas que conhecemos por meio da literatura contribuem para criar nossa visão do mundo e nossos valores, aprofundando nossa compreensão de nós mesmos e dos outros.

Booth tem razão ao dizer que o que lemos nos influencia. Apesar disso, devemos também ler sobre os lados sombrios e menos agradáveis da vida e tentar compreender as pessoas cujas escolhas e atos nos causam antipatia e até aversão. Hannah escreveu sobre Adolf Eichmann não porque o considerasse uma pessoa exemplar, mas porque quis entendê-lo e seus motivos. Nesse contexto, deve-se frisar que compreender não é a mesma coisa que desculpar e certamente não é sinônimo de perdoar.

Com a publicação dos artigos de Hannah sobre o julgamento de Eichmann, várias de suas amizades foram testadas. Diversos amigos que tinha em muito alta estima lhe deram as costas.

O livro de Hannah sobre Eichmann e sua teoria da banalidade do mal a deixaram muito sozinha. Mesmo que nem todos os seus amigos optassem por se distanciar ativamente, ela sentiu que a estavam evitando. Enquanto era uma intelectual aclamada e altamente respeitada, gostavam de ser vistos na companhia de Hannah, banhando-se no esplendor dela. À medida que sua popularidade caiu, eles não estavam mais tão interessados e, porque não podiam ganhar vantagens por serem seus amigos, desapareceram. Aqueles que ficaram eram os amigos que haviam escolhido Hannah por respeito a seus méritos, não pelo proveito que podiam tirar se gabando da amizade com a famosa Hannah Arendt.

Naturalmente, Heinrich estava ao lado de Hannah. Mary McCarthy também. Sua lealdade não cedeu nem um pouco, e ela defendeu Hannah contra todos os ataques. Mary foi exatamente o tipo de amiga que todos queremos e necessitamos: fiel, sincera e constante. Além do mais, tinha a habilidade e a coragem de não dizer apenas o que Hannah desejava ouvir, mas antes de tudo o que ela precisava ouvir. Quando estourou a polêmica sobre Eichmann,

Mary estava lá, leal, mas também oferecendo conselhos concretos. Mary era da opinião de que Hannah deveria se explicar e esclarecer os mal-entendidos e as interpretações equivocadas que estavam se tornando cada vez mais grotescas, algo que Hannah se recusou a fazer durante muito tempo. Ela pensou que tudo fosse passar sozinho. Isso não aconteceu, não por muitos anos.

A frustração de Hannah por ser tão mal interpretada era grande, e Mary foi uma das poucas pessoas com quem ela pôde se abrir. "Não posso mais confiar em mim mesma para manter a calma e não explodir. Como é arriscado dizer a verdade no plano factual, sem ornamentos teóricos e acadêmicos", desabafou com Mary, em setembro de 1963, quando a campanha negativa já durava meses. Mary respondeu com uma tentativa de explicação. Evidentemente, seus pensamentos estavam ocupados com os ataques mesquinhos direcionados a Hannah, e a amiga tentou decifrar do que se tratava. Em outubro de 1963, ela escreve a Hannah:

> Parece que em Nova York o desejo de causar sensação passou a ter precedência sobre tudo o mais. O mundo literário e intelectual está se transformando numa série de espetáculos, como aquele da Conferência de Teatro de Edimburgo, onde uma garota nua foi levada ao auditório. Os editores se tornaram animadores, e o leitor já é um espectador de circo.

No auge da tempestade, Karl Jaspers também permaneceu ao lado de Hannah, embora estivesse do outro lado do Atlântico. Ela o considerava uma espécie de pai, uma ligação com o passado, alguém que representava continuidade e estabilidade em sua vida. Karl Jaspers era um dos amigos mais antigos de Hannah, alguém que a conhecera quando jovem estudante, desconhecida e curiosa. Sua alegria ao retomar o contato com ele depois da guerra foi muito grande. Numa carta a Kurt Blumenfeld, ela escreveu sobre o renovado contato com Jaspers: "A confiança não é uma ilusão vazia. Afinal, é a única coisa capaz de impedir que o mundo privado também se transforme num inferno".

Infelizmente, Kurt Blumenfeld, a quem a carta se dirige, acabaria abandonando Hannah ao romper o contato para sempre. Karl Jaspers não. Ele fez jus à fé e à confiança que Hannah depositou nele.

Karl Jaspers leu os artigos sobre Eichmann, além de escrever um texto introdutório ao livro por ocasião de sua publicação na Alemanha. Seu apoio e sua força foram de grande importância para Hannah, e a amizade dos dois não foi prejudicada pela polêmica sobre Eichmann. Ao contrário, aprofundou-se. Certa vez Hannah justificou algo que Heinrich havia dito, citando a dificuldade dele em controlar seu temperamento quando ela era atacada, e Jaspers respondeu que entendia a reação de Heinrich:

> Entendo a raiva de Heinrich. Já que você atingiu o ponto mais sensível de tantas pessoas, a mentira de sua existência, elas odeiam você. [...] A verdade é espancada até a morte, como disse Kierkegaard sobre Sócrates e Jesus Cristo. Bem, a esse ponto não chegou, e não chegará. Mas você ganhou uma fama que lhe é completamente imprópria, abominável. A longo prazo, é claro que seu caráter prevalecerá e terá um triunfo glorioso.

Sem dúvida, pode-se dizer que Jaspers estava certo.

25. *Amor mundi*: amor ao mundo

A morte é o destino comum dos seres humanos. Todos morreremos, todos seremos arrancados daquilo a que nos apegamos, daquilo que amamos e desejamos. Todos seremos privados do futuro. O primeiro aspecto do amor que Hannah analisou em sua tese sobre o conceito de amor em Santo Agostinho é o desejo, uma dimensão do amor voltada para o futuro, porque expressa a direção da vontade. Desejamos o que é bom para nós, e, quando possuímos o que antes desejamos, ficamos com medo de perdê-lo. Depois de alcançar aquilo por que ansiamos, de possuir o que desejamos, logo nos damos conta de que tudo pode ser perdido. Pois o amor como desejo não oferece nenhuma garantia, nenhuma segurança. O desejo está inextricavelmente ligado ao medo da perda, uma experiência que Hannah teve em seu relacionamento com Martin. Ela faz a seguinte observação: "O problema da felicidade humana é que ela é constantemente atormentada pelo medo. Não é a falta de possuir, mas a segurança da posse que está em jogo".

Essa observação se aplica sobretudo à própria vida. De acordo com Hannah, já que a premissa de nossa vida terrena é que seja finita — todos morreremos — vivemos em medo constante de perder nossa vida. A vida se caracteriza, fundamentalmente, pela apreensão.

Sobre a vida sabemos alguma coisa, mas sobre a morte sabemos pouco. A morte é, como escreve o filósofo Vladimir Jankélévitch, impensável. Não consigo imaginar o mundo sem mim, e não consigo imaginar não existir. A ideia da morte é uma espécie de contradição: "Nem meu nascimento nem minha morte podem aparecer-me como experiências minhas", observa outro filósofo, Maurice Merleau-Ponty. O psicanalista Sigmund Freud parece ser da mesma opinião: "De fato, é impossível imaginar nossa própria morte e, sempre que tentamos fazê-lo, podemos perceber que ainda estamos presentes como espectadores". E Edgar Morin, o antropólogo cujo estudo sobre as concepções de morte é caracterizado como pioneiro, diz que a ideia da morte "é a mais vazia das ideias vazias", pois seu conteúdo é "o impensável, o inexplorável".

Jankélévitch afirma que o medo da morte é o maior e mais fundamental do ser humano. Tudo o que fazemos, fazemos para evitar a morte, e quanto mais perto chegamos dela mais relutamos. Em *A negação da morte*, Ernest Becker descreve, como que num eco a Jankélévitch, o medo da morte como a fonte de todos os medos e todos os atos humanos. Os seres humanos estão constantemente ocupados em negar e afugentar a morte, dando à luz um filho, adquirindo um amante ou uma motocicleta, correndo, fazendo regime, tornando-se vegetariano, tudo para conter o medo da morte.

Ainda assim, vamos morrer. O ser humano é agudamente consciente do fato de que morrerá, mas é incapaz de compreender a própria morte. Talvez seja como Freud afirma, que cada um de nós, inconscientemente, está convencido de sua própria imortalidade. Mesmo assim, aquela percepção fundamental e impensável de que vamos morrer, de que nossas vidas não são eternas, é uma experiência essencial. Paradoxalmente, a miséria da mortalidade confere ao homem atributos divinos. A consciência de que vamos morrer nos leva a criar — preservamos o passado, nossas memórias, e criamos um futuro para afugentar a morte. Já que a vida acaba, ela é valiosa. De acordo com o sociólogo Zygmunt Bauman, essa constatação é a fonte de toda a criatividade humana. Não teríamos escrito romances, construído casas ou formulado dogmas religiosos se não tivéssemos consciência de nossa própria mortalidade.

A consciência de nossa mortalidade, e o terror com que essa consciência nos enche, é a origem da religião, pois ela oferece ao ser humano aquilo que ele mais deseja: a promessa de uma vida eterna, uma garantia de que nada acaba, de que há uma continuação. A religião nos dá esperança. Em *Love and Saint Augustine*, Hannah reflete sobre o desejo e a esperança, argumentando que é equivocado pensar que a esperança alivia nosso medo da morte: "O que em última instância afasta o medo da morte não é a esperança ou o desejo, mas a recordação e a gratidão". A lembrança e a gratidão, eis a cura para o medo da morte.

Nossa vida se passa entre o nascimento e a morte. A vida é finita e, portanto, infinitamente valiosa, minha vida e sua vida e a vida que criamos juntos. Vivemos juntos, tornamo-nos pessoas no convívio com outras pessoas, compartilhamos o mesmo mundo. E todos morreremos, a morte é democrática, ninguém escapa. Afeta a todos com a mesma impiedade. A morte é mais justa que a vida. Pois a vida, o espaço entre nascimento e morte, é tudo menos justa. As pessoas vivem em realidades separadas e sob condições diferentes.

Como devemos viver então? O que significa ser humano? O que é uma boa vida, ações boas e certas? Como devemos tratar uns aos outros? Como devemos viver num mundo imperfeito? "*Amor mundi* — por que é tão difícil amar o mundo?", pergunta Hannah em seu *Denktagebuch*.

O que significa amar o mundo? É possível amar o mundo? Em *A condição humana*, Hannah escreve: "O amor, em sua essência, é extramundano, e é por essa razão, não por ser tão raro, que é não apenas apolítico, mas antipolítico, talvez a mais poderosa das forças humanas antipolíticas".

Quando Hannah fala sobre amar o mundo, ela está se referindo a algo diferente do amor que existe entre as pessoas. Amar o mundo tem mais a ver com compreender e se reconciliar com ele. *Amor mundi* é uma atitude, uma direção da vontade que diz respeito à compreensão, à aceitação e à reconciliação. Para conseguir viver num mundo onde o Holocausto foi possível, devemos compreender e aceitar o que realmente aconteceu, assim como devemos compreender o que está acontecendo hoje.

O amor ao mundo significa uma preocupação com a vida para que ela possa continuar a existir. Em nossas reflexões, devemos, portanto, sugere Hannah, levar em consideração o que aconteceu, o que está acontecendo e o que pode acontecer. Jamais podemos esquecer, mas também não podemos nos perder na nostalgia. Devemos amar o mundo como ele é, com todas as suas fragilidades e imperfeições. Devemos viver com nossas memórias e lembrar as coisas pelas quais somos gratos.

26. Reconciliação

Em 19 de março de 1962, Hannah teve uma premonição da própria morte. O táxi no qual andava pelo Central Park a caminho de casa foi atropelado por um caminhão, e Hannah foi levada de ambulância para o hospital Roosevelt, ensanguentada, mas consciente. Quando Heinrich chegou ao hospital, ela estava calma, mas havia sofrido lesões que a afetariam durante alguns meses: traumatismo craniano, costelas quebradas, sangramentos em ambos os olhos, um dente rachado, hematomas, inchaços e pequenas feridas. Além do mais, sofreu uma lesão no miocárdio em consequência do choque.

Hannah descreveu o incidente numa carta a Mary:

Ao acordar no carro e ficar ciente do que havia acontecido, testei meus braços e minhas pernas, vi que não estava paralisada e que era capaz de enxergar com ambos os olhos. Então testei minha memória, muito cuidadosamente, década por década, poemas em grego, alemão e inglês, depois, números de telefone. Tudo certo. E por um breve momento tive a sensação de que coube a mim decidir se queria viver ou morrer. E, embora não pensasse que a morte fosse terrível, também pensei que a vida é mesmo bela e que a preferia.

Hannah expressou o mesmo sentimento numa carta a Karl Jaspers:

> Por um breve momento, era como se eu tivesse [a vida] em minhas mãos. Na verdade eu estava bastante calma, morrer me parecia bastante natural, de forma alguma uma tragédia ou algo com que se enervar. Mas ao mesmo tempo disse a mim mesma: se for minimamente possível, gostaria muito de permanecer neste mundo.

Hannah havia se reconciliado com o mundo. Dez anos antes, em 1952, ela escreveu, numa carta a Kurt Blumenfeld: "Se a história do mundo não fosse tão perversa, seria maravilhoso viver". Em 1962, chegou à conclusão de que "gostaria muito de permanecer neste mundo" e que "a vida é mesmo bela". Não tinha medo de morrer, mas queria muito ficar mais um pouco na vida e no mundo, algo que pôde fazer. Hannah viveu por mais treze anos, treze anos produtivos e harmoniosos que, no entanto, foram ensombrados pela saúde debilitada de Heinrich. Ele adoeceu em setembro de 1963, e Hannah lutou com a ideia de que o marido provavelmente faleceria antes dela: "Estamos juntos há 28 anos, e uma vida sem ele seria impensável", escreveu a Mary à época do adoecimento de Heinrich.

Dessa vez, Heinrich se recuperou, e tiveram mais sete anos juntos antes de ele vir a falecer em 31 de outubro de 1970. Na noite anterior, ambos haviam recebido convidados para jantar, e Heinrich se comportou de seu jeito ruidoso de sempre, falando, comendo e bebendo sua dose costumeira de vinho. No dia seguinte, um sábado, sentiu uma dor repentina e persistente no peito enquanto almoçava. Apavorada, Hannah chamou a ambulância, mas Heinrich estava calmo. Segurou a mão de Hannah e disse "é isso".

Naquela noite, Heinrich faleceu no hospital Mount Sinai, com Hannah e o amigo Peter Huber a seu lado. Peter, que conhecia Heinrich desde os anos em Berlim e que fora internado com ele em Villemalard, documentou as últimas horas da vida de Heinrich com sua câmera. Na noite seguinte, os amigos de Hannah e Heinrich se reuniram no apartamento do casal. "Como posso viver agora?", perguntou ela, desorientada e quase paralisada pela perda. Sua solidão e o sentimento de falta eram tão evidentes que pareciam palpáveis.

Heinrich foi enterrado no dia 4 de novembro na capela de Riverside. Vários de seus colegas do Bard College, dois de seus estudantes e diversos amigos fizeram discursos em sua homenagem. Um dos oradores citou o discurso de despedida de Sócrates referido por Platão em *Apologia de Sócrates*: "Chegou a hora de partir, eu para a morte, vocês para a vida. Qual dos dois destinos é melhor, só os deuses sabem".

Após a morte de Heinrich, Hannah voltou mentalmente a essa citação com frequência. Numa carta a Martin enviada três semanas depois do enterro de Heinrich, ela fez a seguinte referência:

> Entre duas pessoas surge às vezes, e como é raro, um mundo que então se torna sua pátria. Pelo menos foi a única pátria que nós estávamos dispostos a reconhecer. Este minúsculo microcosmo no qual você sempre pode se salvar do mundo e que se desintegra quando um dos dois parte. Estou muito calma e penso: partir.

Com Heinrich morreu também o mundo que era deles, o mundo de Hannah e Heinrich, o contexto que fora a segurança e o lar de Hannah desde que conhecera o marido no final da década de 1930. Hannah e Heinrich haviam compartilhado alegrias e dores, tinham fugido juntos e juntos conquistado uma nova cultura e uma nova língua. Haviam vivido uma simbiose feliz. Seu bom amigo Randall Jarrell, escritor de Nashville, certa vez chamou o casal "dupla monarquia", um reino com dois regentes. Dois monarcas teimosos e determinados que conseguiram reinar juntos por 35 anos. Como Hannah escreve, criaram um mundo próprio, um país que era de ambos. Agora ela estava sozinha, e o país que fora sua segurança, seu escudo contra o mundo, havia ruído. Aonde ir com seu luto?

No período logo após a morte de Heinrich, seus amigos fizeram de tudo para não a deixar sozinha no espaçoso apartamento da Riverside Drive. Anne Weil pegou um voo da França para ficar com Hannah no primeiro inverno pós-Heinrich. Juntamente com Sally Davis, a empregada da casa, Anne cuidava do apartamento, fazia compras e certificava-se de que o jantar era preparado e consumido todos os dias. Também fazia questão de que Hannah mantivesse sua rotina social. Com a ajuda de Anne, ela recebeu os amigos para a tradicional festa de Ano-Novo e, como de costume, convidou seus alunos para jantar ao final do curso sobre Kant.

Apesar de tudo, a vida continuou. Hannah deu um passo de cada vez. Numa carta a Mary, ela escreve:

> Não estou cansada, ou não muito cansada, apenas exausta. Funciono razoavelmente bem, mas sei que o menor contratempo é capaz de me tirar o equilíbrio. Acho que não te contei que, por dez longos anos, vivi em medo constante de uma morte repentina assim. Esse medo frequentemente beirava o pânico. Onde antes havia o medo e o pânico, agora há um vazio total.

Hannah lidou com a perda do homem que personificava o conceito "companheiro de vida" da mesma forma como encarou todas as dificuldades e todas as crises, analisando e sistematizando tanto suas reações como sua nova existência. Manteve sua rotina e continuou em frente, mesmo de pernas bambas. Dava suas palestras, escrevia seus textos e cumpria as obrigações que havia assumido, mas o fazia com menos entusiasmo. Sua sede por socializar diminuiu e ela buscou paz e sossego, preferindo se retirar para pensar e escrever.

A vida de Hannah foi repleta de despedidas. Ela havia partido e recomeçado diversas vezes, deixado países e línguas para trás, precisando recriar sua existência repetidas vezes. Depois da morte de Heinrich, não queria recomeçar. Não queria construir algo novo. Queria repousar no que havia sido. Pouco tempo depois da partida de Heinrich, Hannah recebeu a visita do poeta W. H. Auden, que, para grande consternação dela, a pediu em casamento. Hannah ficou surpresa e incomodada com a declaração — já que ambos estavam sozinhos, Auden pensou que podiam juntar os trapos, mas Hannah rejeitou a proposta gentilmente, porém com firmeza. Ela não queria outro casamento.

A vida pode ser retratada como uma viagem do início ao fim, e a dor, a velhice e a doença, como uma passagem ao desconhecido. Após o falecimento de Heinrich, Hannah se encontrou numa existência completamente nova, e uma "liberdade solitária", como diz Elisabeth Young-Bruehl, se configurava. De novo ela estava no exílio, dessa vez num exílio existencial. Quem está exilado não escolheu deixar a segurança, o conhecido, a pátria para trás. Em certo sentido, o exilado se vê sem casa num ambiente estranho, cercado de uma língua desconhecida, de pessoas, tradições, cheiros e sabores estranhos. Está sozinho numa realidade difícil de interpretar e sem saber quando, ou mesmo se, poderá regressar ao que é seu, para o lugar onde é ele mesmo, para onde é o que era.

Assim como acontece com a maioria das pessoas, os últimos anos da vida de Hannah foram marcados por perdas e mortes. No outono de 1974, por ocasião do falecimento de dois bons amigos, ela escreve o seguinte a Mary:

> Devo admitir que me incomoda esse processo implacável de desfolhamento (ou desmatamento). Como se envelhecer não significasse, como disse Goethe, "uma retirada gradual do aparecimento" — o que não me incomoda — mas a transformação gradual (ou até repentina) de um mundo com rostos familiares (não importa se amigos ou inimigos) numa espécie de deserto povoado de rostos estranhos. Em outras palavras, não sou eu que me retiro, mas o mundo que se dissolve — uma proposição completamente diferente.

Assim como Hannah, Jean Améry descreve o envelhecimento como alienação. O idoso não reconhece mais a si mesmo nem ao mundo, tornou-se um estranho diante do mundo em que vive e diante de seu próprio corpo e rosto. Carece de moradia no tempo e no espaço, e não sabe mais quem é ou o que é, diz ele em *On Aging* [Sobre o envelhecimento].

Simone de Beauvoir manifesta o mesmo sentimento de alienação e desorientação em *A força das coisas*: "Quando leio impresso: Simone de Beauvoir, falam-me de uma mulher jovem que sou eu". Ao se olhar no espelho, ela não encontra Simone de Beauvoir, senão uma mulher de idade, desconhecida, cujo rosto não mais reconhece. "Detesto minha imagem: as sobrancelhas caídas sobre os olhos, as papas embaixo, o rosto muito cheio e esse ar de tristeza em torno da boca que vem com as rugas. [...] Vejo minha cara velha, onde se instalou uma varíola da qual jamais me curarei."

O envelhecimento é um prelúdio da morte inevitável, envolvendo o declínio gradual do corpo. Pouco a pouco, a visão, a audição e a mobilidade deterioram, e esse declínio pode ser doloroso. Para Simone de Beauvoir, a perda de uma aparência antes atraente foi penosa. A transformação de mulher bonita em idosa acabou sendo difícil. Para a mulher que está acostumada a atrair olhares, acostumada a atenções e galanteios, o envelhecimento significa tornar-se invisível. Ninguém mais a olha com desejo.

Hannah era uma mulher atraente, do tipo que dominava o ambiente quando chegava. No entanto, não parece ter lamentado sua beleza perdida, mas está claro que se incomodava com as limitações causadas pelo envelhecimento e as doenças que o acompanhavam. Em consequência do acidente que sofreu em 1962, ela passou a ter problemas cardíacos que se agravaram com a idade. Em dezembro de 1971, após uma consulta com seu médico, ela escreve a Mary: "Obviamente, era o discurso de sempre — desacelere, pare de fumar etc. Já que eu certamente não vou viver em função de minha saúde, vou fazer o que acho certo".

Fazer o que ela achava certo significava continuar como antes. Não cancelou nenhum compromisso e não parou de fumar. Desde muito jovem, sempre tinha um cigarro aceso no canto da boca enquanto escrevia, hábito que manteve até o fim da vida. Hannah não podia escrever sem fumar. Pelo menos era nisso que acreditava.

Nos últimos anos de vida, ela trabalhou no manuscrito de *A vida do espírito*, obra que seria publicada postumamente. Em resumo, trata-se de um estudo do bom modo de governo. Assim como *A república* de Platão, ela lança mão das faculdades do ser humano como analogia para descrever a cooperação entre as diferentes partes do bom Estado. As três faculdades em que Hannah se baseia são o pensar, o querer e o julgar. Ao discutir a relação da capacidade de julgar com o pensamento e a vontade, ela faz referência a *De Senectute* [*Diálogo sobre a velhice*], de Cícero, citando seu porta-voz, Catão, o Velho, que diz: "Não se realizam grandes feitos por meio da força, da agilidade ou da destreza física, mas sim pela prudência, pela autoridade e pelo bom julgamento, qualidades que em vez de diminuir costumam aumentar com o avançar da idade".

Hannah havia lido *A velhice*, o livro de Simone de Beauvoir sobre o envelhecimento, e discordava de sua visão distópica. Também rejeitava a obsessão da contemporaneidade com a juventude. Queria destacar as qualidades inerentes à idade, as habilidades que apenas alguém que viveu uma longa vida possui. Ela diz que o envelhecimento significa a perda do futuro, mas a falta de um futuro não precisa causar ansiedade. Em vez disso, a falta de futuro pode abrir espaço para reflexão e reconciliação, um tempo para fazer um balanço e entender sua vida de trás para a frente, como disse Kierkegaard. A velhice nos oferece a oportunidade de compreender o significado do passado e de contar nossa vida para nós mesmos.

Do ponto de vista do pensamento, a velhice é um tempo de introspecção e de meditação, um tempo em que as demandas insistentes do interesse próprio se calam e a pessoa se liberta de inibições ideológicas. Ela é, como Hannah formula numa carta a Mary, "livre como uma folha ao vento", livre de lealdades e exigências.

A Idade Média viu a proliferação de diversas *ars moriendi*, ou seja, manuais da arte de morrer. A morte era levada muito a sério e morrer levava tempo. Na época, uma boa morte era uma morte lenta e prolongada, um período durante o qual o moribundo podia se recordar e se reconciliar consigo mesmo e com os outros, com sua vida. Os últimos anos de Hannah foram relativamente vigorosos. Sofria de um coração pouco confiável, mas de resto gozava de boa saúde física. Mentalmente, estava em excelente forma e, nos anos finais, passou grande parte de seus dias lendo, refletindo e escrevendo.

Em seu *Denktagebuch*, Hannah cita o poema "Mnemósine", de Hölderlin:

> *Maduros estão, mergulhados em fogo, fervidos*
> *Os frutos e provados na terra, e há uma lei*
> *De que tudo se insinua, serpeante,*
> *Profético, sonhador, nas*

Colinas do céu. E muito
Há de ser guardado, como uma carga de destroços. Porém maus
São os caminhos. Pois desviam-se,
Feito cavalos, os elementos
Cativos e as velhas Leis da Terra. E sempre
Há um anseio pelo irrestrito. Mas há
Muito a guardar. E é preciso lealdade.
Para a frente e para trás, porém,
Não queremos olhar. Deixamo-nos embalar, como
Uma barca balançando no mar.

Mnemósine é a deusa grega da memória, mãe das nove musas: as divindades da canção, da música e da poesia. Portanto, a memória é ligada à criação — sua própria origem.

Numa carta a Mary, Hannah cita alguns versos do poema de Hölderlin, comentando as linhas citadas com "em resumo: recordação" e refletindo sobre o conceito de *gravitas*, o peso do passado. Esse é o espaço mental que Hannah habita nos anos que decorrem entre o falecimento de Heinrich e a própria morte. Ela passa os dias escrevendo e à noite janta com alguns dos amigos do círculo frequentado por ela e o marido há muitos anos. Uma vez por semana, telefona para Mary, que mora em Paris, além de escrever cartas frequentes, sobretudo para Martin.

No final do verão de 1975, Hannah visitou a Europa pela última vez, com destino ao arquivo de literatura alemã em Marbach, onde depositou parte da correspondência entre ela, Kurt Blumenfeld e Karl Jaspers. Passou quatro semanas em Marbach para examinar, classificar e arquivar as cartas.

Depois da estada em Marbach, Hannah seguiu para Friburgo. Martin estava mal, e ela ficou profundamente tocada ao ver seu ex-professor e amante tão debilitado. Escreveu a Mary que retornaria para casa "muito deprimida. Heidegger de repente ficou muito velho, muito mudado desde o ano passado, muito surdo e distante, inabordável como nunca o vi antes". Hannah não era a única a se preocupar com o estado de Martin. Elfride, sua esposa, também estava muito aflita com a saúde do marido. Na comunhão da preocupação com o homem que ambas amavam, as antigas rivais ficaram amigas, e Hannah voltou para casa com a sensação de ter se reconciliado com a esposa de Martin.

Em 14 de outubro de 1975, Hannah completou 69 anos e comemorou com uma grande festa para velhos e novos amigos. Estava começando a planejar sua vida após a aposentadoria da New School e havia decidido sair de Nova York assim que tivesse concluído seu tempo lá. O Smith College em Northampton, Massachusetts, lhe oferecera um cargo como professora convidada por um semestre, e Hannah tinha aceitado. Queria fugir de Nova York.

Não conseguiu. Na quinta-feira, 4 de dezembro de 1975, Hannah faleceu em sua casa, no apartamento da Riverside Drive. Havia jantado com os amigos Jeanette e Salo Baron, e estavam conversando na sala de estar quando Hannah teve uma crise de tosse, desabou na poltrona e perdeu a consciência. O casal Baron chamou o médico de Hannah e sua amiga Lotte Kohler. No entanto, Hannah nunca recuperou a consciência e acabou falecendo em sua poltrona antes de Lotte chegar.

O enterro ocorreu no dia 8 de dezembro, na capela memorial de Riverside. Hannah queria que seu enterro fosse feito no mesmo lugar que o de Heinrich e com a mesma cerimônia simples. Seu caixão era discreto, de pínus, igual àquele em que Heinrich foi enterrado, coberto de rosas brancas. Na véspera do enterro, os amigos mais íntimos de Hannah discutiram se a cerimônia fúnebre incluiria elementos judaicos ou não. Chegaram a um meio-termo: um dos jovens parentes israelenses de Hannah leria uma passagem dos Salmos em hebraico, e Daniel, filho do casal Klenbort, recitaria o mesmo salmo em inglês.

Mais de trezentas pessoas foram se despedir dela. Como no enterro de Heinrich, foi dado espaço para os amigos compartilharem lembranças da falecida. Tanto Mary McCarthy quanto Hans Jonas fizeram discursos, assim como o assistente de pesquisa de Hannah, Jerome Kohn, e seu editor William Jovanovich, que a descreveu como tendo uma "paixão que só as pessoas que acreditam na justiça podem ter". O amor ao mundo foi sua motivação a vida inteira e, no final, sua história de amor com o mundo também se tornou menos tempestuosa e mais harmoniosa. Hannah faleceu reconciliada com o mundo.

Hannah Arendt, a garota de Königsberg que se tornou uma das vozes mais importantes do século xx, uma mulher que, mais do que qualquer outra, personificou a história violenta daquele século, havia partido.

O que podemos aprender com ela? Que devemos amar o mundo a ponto de acreditar que a mudança é possível, e que nunca devemos desistir.

Agradecimentos

Devo muito à narração exaustiva da vida de Hannah feita por Elisabeth Young-Bruehl, especialmente as descrições de seu tempo no Vélodrome d'Hiver e Camp Gurs, certos episódios envolvendo as muitas amizades de Hannah e os detalhes sobre a fuga de Hannah e Heinrich de Marselha.

Na escrita deste livro, contei com a valiosa ajuda de meu marido, Erik van der Heeg. Obrigada por contribuir com conhecimentos de história, ótimas habilidades nos idiomas alemão e francês e um ouvido infalível para sutilezas estilísticas! Também agradeço a meu editor, Simon Brouwers, que acreditou em meu projeto e me deu a oportunidade e a coragem de escrever. Muito obrigada a ambos — sem vocês meu livro sobre Hannah talvez nunca tivesse sido escrito.

Ann Heberlein
Malmö, Suécia, março de 2020

Posfácio

Leia e aja: A atualidade do pensamento de Hannah Arendt[1]

Heloisa Murgel Starling

"Contemplem nosso futuro, caso não sejam revistas as nossas ações." Um século e meio separa a frase cunhada por John Stuart Mill para definir o significado de "distopia" de sua transformação em instrumento de luta política direta contra o avanço de tendências totalitárias na sociedade contemporânea. Em 1868, o pensador inglês chamou de distopia a descrição ficcional de um governo esmagadoramente opressivo, projetado no futuro. Claro que não era uma previsão, mas um alerta: as disposições tirânicas do presente poderiam levar qualquer país a tomar tal rumo — esse é o perigo da nossa época, dizia ele.

Mill recorreu à luz da distopia com o propósito de revelar os disfarces do poder arbitrário que a Grã-Bretanha utilizava para manter seu controle sobre a Irlanda. "O que eles parecem defender é demasiado mau para ser praticável", argumentou em discurso ao parlamento inglês. Sua intuição lhe dizia que as pessoas precisam enxergar de modo concreto o que é a tirania para conseguirem identificar os elementos que estão na raiz dos acontecimentos capazes de converter países inteiros em regimes de opressão. "Isto é uma distopia", a forma distorcida — ou adoecida — de um lugar, definiu em seu discurso. E repetiu: "É o nosso horizonte, se não fizermos nada a respeito".[2] É provável que Stuart Mill tenha construído a imagem mais vívida da distopia que conhecemos: uma sociedade projetada no futuro e saturada de ingredientes do tempo presente que revela, de maneira quase rigorosamente descritiva, o momento preciso em que o esforço civilizatório entre nós se interrompeu e se degradou.

Com o tempo, a palavra "distopia" transformou-se em conceito; passou a condensar todo um contexto social e político de significado e experiência e seu uso tornou-se mais ambíguo.[3] Mas ainda evoca um pesadelo fantástico, segue registrando os detalhes do avanço da sociedade moderna em direção a uma forma particularmente maligna de tirania com uma precisão meticulosa que beira o sinistro, enquanto sua estrutura e seu mecanismo narrativo continuam os mesmos. "Distopia" retrata uma amostra do futuro — feita de dor, solidão, apatia, medo, desolação, paranoia —, construída com os ingredientes sociais, econômicos e políticos de uma história que acontece agora, no presente.

Em 2017, contudo, um grupo de livreiros independentes, em Washington, lutando para se agarrar ao que lhes era real e valioso, deu um passo adiante e levou as narrativas distópicas para a rua — um alerta contra sonhos totalitários. Os livreiros impeliram a distopia a cruzar as fronteiras da ficção, assumir o espírito da consciência e da resistência e a servir de estimulante para a prática da política corpo a corpo. A ideia de recorrer efetivamente à narrativa distópica quando o experimento democrático estava em perigo foi um ataque explícito dos livreiros do começo ao fim, mas ninguém poderia calcular de antemão que aquilo iria funcionar. Afinal, eles pretendiam enfrentar uma forma tirânica especialmente maléfica, municiados apenas com páginas de livros. Tinham em mente que nem tudo está perdido em uma sociedade se a literatura conseguir espicaçar o cidadão a refletir sobre o que anda acontecendo em seu próprio país, e decidiram intervir na cena pública, em associação uns com os outros. Acabaram fazendo história.

O sinal de que a democracia poderia entrar em colapso em várias partes do mundo e dar lugar ao autoritarismo e à intolerância começou a piscar forte, no século XXI, com a eleição de Viktor Orbán para primeiro-ministro da Hungria, em 2010. Seu partido político, Fidesz — União Cívica Húngara, conquistou dois terços das cadeiras do parlamento, condição suficiente para aprovar, sozinho, um lote de reformas constitucionais e dar início ao desmonte da, até então, próspera democracia húngara. Uma nova constituição foi escrita e, nos anos seguintes, Orbán conseguiu enfraquecer as instituições, intervir com sucesso na imprensa e no Judiciário, além de modificar as regras eleitorais em seu próprio benefício. Reeleito por três vezes, a última em 2018, ele já completou mais de uma década no poder.

Nos anos seguintes, a linha que separa os regimes de liberdade das formas de tirania ainda parecia nítida. Em 2016, contudo, o alarme de que a democracia estava sendo atacada disparou um som agudo como uma buzina. No mês de maio, Rodrigo Duterte foi eleito presidente das Filipinas. Em junho, para surpresa de boa parte dos analistas políticos, o eleitor do Reino Unido decidiu dar às costas a União Europeia e o Brexit venceu, mesmo que por uma margem estreita de votos. Então, em novembro, a vitória de Donald Trump indicou que não seria sensato subestimar o futuro logo à frente. Os Estados Unidos sorriram amarelo diante da eleição de um presidente com vocação para autocrata, incapaz de respeitar os limites da civilidade democrática, e a pergunta começou a rodar pelo mundo. O que acontece com a democracia quando o presidente é Trump?

Inquietos, os livreiros decidiram não aguardar pela resposta. No dia 20 de janeiro de 2017, Donald Trump tomou posse como o novo presidente dos Estados Unidos. O mês de janeiro é o momento em que o mercado editorial norte-americano apresenta os lançamentos do ano e, em Washington DC, a coincidência do calendário chamou a atenção dos livreiros — havia ali uma oportunidade. Àquela altura, tudo caminhava como previsto e eles calcularam cada detalhe. Os novos títulos seguiam sendo as estrelas dos espaços expositivos; os livros, arrumados de frente, mostravam a capa nas mesas de atualidades e em mostruários das livrarias independentes. Mas, assim que o transeunte parasse diante da loja para dar uma olhada nas novidades da vitrine, ia perceber que alguma coisa não combinava com a realidade. Todos os grandes lançamentos do ano de 2017 expostos nas livrarias de rua da cidade, durante o mês de janeiro, haviam sido publicados no século XX — o mais recente deles, em 1985. O visitante atravessava a porta para tentar entender o que era aquilo, passava algum tempo distraído folheando as páginas ou espiando os títulos, até que, de repente, recebia do proprietário um exemplar de presente, abria o livro e se deparava com uma mensagem adesivada em grandes letras pretas: "Leia e aja".

A quase totalidade das obras selecionadas eram distopias. A questão crucial para os livreiros não foi a vitória súbita de um presidente perverso, e sim a constatação de que, em muitos lugares, a democracia vinha se desmanchando pela ação de governantes com perfil declaradamente antidemocrático, mas que haviam chegado ao poder de forma legítima. Algo grave está se repetindo desde então pelo mundo. As pessoas votam de tal forma que esses governantes vencem a disputa eleitoral — aliás, foi preciso muita gente acreditar em Trump para que ele conseguisse derrotar sua adversária, Hillary Clinton. Assumem o cargo de maneira legal e nenhum deles defende com todas as letras suprimir a democracia. Ao contrário: conduzem todo o esforço para se perpetuar no poder desgastando, gradualmente, os instrumentos do próprio regime democrático.

A novidade, hoje em dia, é a ação de desmanche da democracia praticada sorrateiramente por governantes eleitos, mas com vocação para tiranos. Caminham céleres em direção ao autoritarismo, mas atuam de modo dissimulado. Em vez de comandarem uma mudança abrupta em que o regime democrático será demolido de maneira inconfundível como no passado, com um golpe de Estado, eles avançam, passo a passo. Utilizam atos e ações com efeito cumulativo para degradar a ordem política, destruir os mecanismos de representação, minar o sistema judicial e a mídia, erodir as instituições de dentro para fora, uma a uma, até o colapso final. Não ocorre em um país só, o fenômeno é global e está moendo a democracia em vários pontos do planeta: Viktor Orbán, na Hungria; Recep Erdoğan, na Turquia; Vladímir Pútin, na Rússia; Hugo Chávez e Nicolás Maduro, na Venezuela; Andrzej Duda e o partido Lei e Justiça (PiS), na Polônia; Narendra Modi, na Índia; Donald Trump, nos Estados Unidos; Rodrigo Duterte, nas Filipinas; Volodymyr Zelenski, na Ucrânia; Jair Bolsonaro, no Brasil.[4]

Obviamente, alguma coisa está fora do lugar nas democracias contemporâneas. Se o cerne do problema é resultado da complacência, da indiferença e da omissão da sociedade, calcularam os livreiros, a distopia é o gênero literário que tem poder tanto para revelar como para advertir. "Veja a tirania se formando diante do seu nariz", dirá, ao leitor, o entrecho de qualquer boa narrativa distópica. Na verdade, a distopia costuma ocupar a nossa imaginação e ser vivamente sentida por qualquer um que se aproxime dela porque atrás de seu formato ficcional é muito fácil reconhecer os dados do presente. As alusões são claras, a sátira política aflora com nitidez. A ironia fere profundamente. O choque acontece no exato momento em que o leitor percebe a indeterminação temporal que iguala o presente e o futuro. Conseguir ver a qualidade imediata do futuro é bem mais eficiente do que apenas entendê-lo em abstrato, diria John Stuart Mill; e, em Washington, os livreiros compreenderam a verdadeira medida de uma narrativa distópica — sua ancoragem dura e esmagadora nos fatos do presente. Ver é indagar sobre determinada realidade, um recurso indispensável para completar o quebra-cabeça e despertar na pessoa que está lendo o senso de conclusão: isso poderia ter sido evitado.

Produzir uma distopia requer do autor boa dose de realismo. Ele precisa combinar a própria subjetividade, a força de seu desejo e de sua imaginação com a capacidade de observação atenta dos perigos concretos de sua época — perigos cuja compreensão escapa aos seus contemporâneos. A seleção feita em Washington obedecia a um padrão: contemplava obras distópicas orientadas pela disposição de refletir — e de captar — as tendências totalitárias nas sociedades contemporâneas. O pacote incluía *Admirável mundo novo*, de Aldous Huxley, publicado pela primeira vez em 1932; *O conto da aia*, de Margaret Atwood, de 1985; *Não vai acontecer aqui*, de Sinclair Lewis, de 1935; *1984*, de George Orwell, de 1949. Entretanto, o conjunto ainda não lhes parecia bom o bastante e os livreiros decidiram abrir espaço nas vitrines para um único livro de não ficção. Dispostos nos mostruários e agrupados nas mesas de lançamentos, quase sempre ao lado de *1984*, chamavam especialmente a atenção os exemplares empilhados de uma obra escrita na fronteira entre a história e a teoria política: *Origens do totalitarismo*, de Hannah Arendt.

Valer-se do universo que eles conheciam bem, feito de livros, livrarias e de leitores, para dizer algo sobre a liberdade foi um plano que deu certo. As vitrines ganharam relevo, alertaram a mídia, atraíram a curiosidade de pessoas que em geral não se interessavam por política. Em outras cidades, como Chicago, Nova York, Los Angeles, Detroit ou San Francisco, as lojas de rua aderiram e expandiram a cadeia associativa iniciada em Washington. Em Nova York, por exemplo, livrarias de bairro conceberam uma programação especial para os "lançamentos do ano" que incluía a realização de debates e mesas-redondas sobre distopia e totalitarismo — o carro-chefe era mesmo *1984*, que se consolidou como a narrativa ficcional mais notável e clarividente sobre as tendências totalitárias no mundo contemporâneo. As vendas dispararam. Os editores de Orwell, atônitos, mandaram rodar às pressas 75 mil exemplares para nova tiragem da obra. *Origens do totalitarismo*, por sua vez, emplacou a 25ª posição na lista dos mais vendidos do *USA Today*.

Uma proeza e tanto para um livro publicado mais de meio século antes, em 1951. Hannah Arendt começou a escrever *Origens do totalitarismo* em algum momento entre 1945 e 1946. O final da Segunda Guerra, na Europa, com a rendição da Alemanha nazista, em 1945, "era a primeira ocasião em que foi possível articular e elaborar as questões que a minha geração havia sido obrigada a viver durante a melhor parte de sua vida adulta: *O que aconteceu? Por que aconteceu? Como pôde ter acontecido?*" ela registrou, no prefácio à terceira parte da obra.[5] A escrita não deve ter sido fácil. Arendt reescreveu inúmeras vezes; cortou trechos, introduziu alterações na estrutura do livro, adicionou argumentos. A versão definitiva só foi publicada em 1966; ainda assim, a autora não sossegou: em 1968, decidiu compor nova introdução.

Havia um sentido de urgência que levava Arendt a se preocupar e retomar com frequência o exame do fenômeno totalitário. Essa nova forma de dominação política despojou-nos de nossos habituais meios de compreensão, enfatizou, em um ensaio publicado em 1954:

> A originalidade do totalitarismo é horrível, não porque com ele tenha surgido no mundo uma nova "ideia", mas porque as ações que o caracterizam representam uma ruptura com todas as nossas tradições; essas ações fizeram manifestamente explodir as nossas

categorias de pensamento político e os nossos critérios de juízo moral.⁶

Na prática, ela estava convencida de que não podemos esperar compreender o totalitarismo adequadamente, antes de derrotá-lo em definitivo — ele é o mal sem precedentes.

Hannah Arendt passou a vida inteira escrevendo sobre as ações humanas, e dedicou parte considerável do seu tempo a examinar acontecimentos históricos ou seu resultado a fim de compreender as fontes mais profundas da experiência totalitária — para encontrar as respostas apropriadas e garantir um futuro à liberdade. Os anos seguintes ao final da Segunda Guerra sepultaram impérios, redesenharam o mapa-múndi e criaram um novo enredo pronto a orientar as relações políticas entre os países — a Guerra Fria. Entre 1946, quando os Aliados fatiaram a Alemanha em quatro zonas administrativas, e 1989, o ano em que o Muro de Berlim veio abaixo, o sistema de poder global se equilibrou em um mundo onde EUA e URSS se relacionavam em aberto confronto ideológico, político e estratégico — mas evitavam cuidadosamente o enfrentamento militar direto, que poderia fazer eclodir uma guerra nuclear global.

Nesse sentido, Arendt sentia a necessidade de calibrar o "ponto de vista concreto e prático" com que direcionava seu pensamento político, para um novo mundo onde "guerra fria", "totalitarismo" e "bombardeios atômicos" demandavam encarar esses acontecimentos com as devidas proporções. Era preciso buscar uma nova maneira de olhar e compreender a política. Isso exigia, antes de tudo, na sua avaliação, voltar-se para examinar as condições da ação humana: a perversão do agir capaz de provocar o mal sem precedentes; a coragem do agir habilitada a garantir a busca da felicidade pública e o gosto pela liberdade.

O que torna *Origens do totalitarismo* tão valioso e tão caro aos dias atuais é resultado desse esforço de compreensão da autora diante de um acontecimento sem precedentes. Talvez nenhum outro livro tenha conseguido expor, com tal grau de acabamento, a dimensão inédita e singular do experimento totalitário e os riscos que essa nova forma de dominação política representa para as sociedades democráticas. Arendt organizou seu argumento em três partes: "Antissemitismo", "Imperialismo", "Totalitarismo". Nas duas primeiras, ela analisa os fatos e a convergência de acontecimentos que engendraram a configuração do totalitarismo, além das formas políticas — e os nexos comuns entre elas — que esse novo regime de governo assumiu historicamente: o nazismo e o stalinismo.

Mas é, sobretudo, na terceira e última parte, intitulada "Totalitarismo", que o livro se torna desconcertantemente próximo de nossos assuntos contemporâneos. Se o propósito dos livreiros, em Washington, era o de provocar o leitor a refletir sobre os riscos do aparecimento de formas extremas de dominação brotando no interior das sociedades democráticas atuais para, em seguida, motivá-los à ação, eles acertaram na mosca. A maneira mais fácil de nos enganarmos a respeito do experimento totalitário consiste em assimilá-lo a um mal conhecido do passado, diz Arendt; o totalitarismo não se confunde com as tiranias de qualquer tipo, monarquias absolutistas, despotismos, autoritarismo, ditaduras modernas ou antigas. Suas configurações conhecidas, tanto na Alemanha nazista, a partir de 1938, quanto na União Soviética stalinista, desde os Processos de Moscou, em 1930, tampouco foram um acidente historicamente superado, um ponto carregado de horror, situado fora da curva da civilização e destinado a passar. O totalitarismo é uma forma de dominação inscrita na lógica da modernidade, e é justamente esse o perigo que ele representa para nós: "As soluções totalitárias podem muito bem sobreviver à queda dos regimes totalitários sob a forma de forte tentação, a qual surgirá sempre que pareça impossível aliviar a miséria política, social ou econômica segundo um modo digno do homem", Arendt escreveu quase ao final da terceira parte do livro.[7]

A obra retrata um vasto panorama temporal, apresenta novas bases conceituais e uma surpreendente pesquisa documental, além de construir uma alternativa metodológica inovadora para os padrões historiográficos da época. Hannah Arendt não queria determinar as causas ou os antecedentes dos acontecimentos que buscava compreender. O risco de proceder desse modo, ela dizia, é reduzir o desconhecido ao já conhecido e o experimento totalitário passar a ser avaliado como uma forma política acentuada de autoritarismo:

> Os elementos do totalitarismo formam suas origens se por origens não compreendermos "causas". A causalidade, isto é, o fator de determinação de um processo de acontecimentos no qual um acontecimento sempre causa e pode ser explicado por outro, é provavelmente uma categoria inteiramente estranha e falsificadora no reino das ciências históricas e políticas.

O ponto de vista que precisa ser adotado é retrospectivo: "O acontecimento ilumina seu próprio passado, mas nunca pode ser deduzido do mesmo", argumentou, em uma série de conferências, na New York School, em 1954.[8]

Mas os livreiros acertaram na escolha também por outra razão. *Origens do totalitarismo* revela surpreendente força literária. Em parte, isso provém da qualidade emocional da escrita. Ao longo do livro, Arendt sustentou a perplexidade, o horror e a indignação diante dos fatos que descreveu e analisou; e enquanto durou o trabalho de redação, por vezes se referia a ele com outro título: "Os três pilares do inferno". Também arrumou um jeito de alojar na escrita o sentimento do espanto, sobretudo nos momentos em que ela mesma parece se flagrar perturbada e surpreendida, ao olhar para trás, para a República de Weimar, o breve experimento democrático criado, em 1919, a partir do desmoronamento militar e político da Alemanha imperial.

Talvez seja esse sentimento de espanto a instância capaz de reatualizar, na nossa agenda do presente, a visão da estratégia de desmanche que enterrou rapidamente as esperanças de um futuro democrático na Alemanha. Afinal, tudo começou, também por lá, com os nazistas se saindo muitíssimo bem em eleições legítimas. O caminho para o poder se abriu a eles a partir de 1930, com o apoio maciço de uma fatia considerável da sociedade alemã que saudou Hitler como uma espécie de liderança salvadora durante a campanha para as eleições gerais do parlamento — quando, então, vale lembrar, o Partido Nazista saltou de doze para 107 cadeiras. Outra fatia da população julgava os nazistas o menor dos males: "eu tinha mais medo do comunismo que de Hitler", procurou justificar seu voto, doze anos depois, a esposa de um banqueiro judeu em Berlim.[9] Já o ponto sem volta para a democracia aconteceu em março de 1933: o Partido Nazista venceu as eleições parlamentares e os deputados recém-eleitos aprovaram a lei que deu a Hitler poderes para governar por decreto.

Ademais, *Origens do totalitarismo* faz uso de procedimentos próprios à narrativa literária. O mais engenhoso deles: os perfis curtos de determinados personagens de época que Arendt vai compondo ao longo do livro. Por meio desses perfis, ela descreve acontecimentos e situações históricas, só que devidamente caracterizadas e individualizadas em escritores, artistas e políticos que viveram e se movimentaram em certa conjuntura. Traçar o perfil de Marcel Proust, por exemplo, permitiu-lhe revelar a variada gama de preconceitos que a sociedade francesa associava aos judeus durante a belle époque. Já a mentalidade imperialista, um ponto essencial para sua análise do fenômeno de inversão de valores que deu à economia a prioridade inicialmente sobre a política e, em seguida, sobre a vida humana, Arendt retratou através do perfil de T. E. Lawrence, o militar britânico que atuou na Revolta Árabe e na derrocada do Império Otomano, entre 1916 e 1918, autor de uma autobiografia famosa — *Sete pilares da sabedoria*.[10]

Os retratos dessa galeria revelam os andaimes do método narrativo que Hannah Arendt vinha construindo desde a escrita de *Rahel Varnhagen*, no início dos anos 1930, e que irá atravessar toda sua obra; especialmente em livros como *Homens em tempos sombrios, Eichmann em Jerusalém, A tradição escondida*.[11] Os perfis lançam luz tanto sobre o poder da imaginação na escrita de Arendt quanto do uso que ela faz desse poder em *Origens do totalitarismo*. "Pensar com uma mente alargada", explicava Arendt, "significa treinar a própria imaginação para sair em visita".[12] A imaginação é a visão clara, ela dizia; permite ver as coisas em suas perspectivas próprias. Só a imaginação acerta posicionar a alguma distância de nós o que está tão próximo que não conseguimos enxergar com nitidez; e só ela consegue aproximar suficientemente o remoto para que possamos ver o que está longe demais no tempo e tratar disso como se fosse um assunto nosso. Aliás, em *Origens do totalitarismo*, a imaginação funciona tal qual uma bússola: conduz a autora a se deparar com aquilo que de algum modo já tinha acontecido, ao seu lado; e a compreender que intuía algo sobre o experimento totalitário com malignidade e potência suficientes para se formar em algum ponto do horizonte distante.

É por isso que *Origens do totalitarismo* foi o livro que Hannah Arendt escreveu sobre o passado recente, mas endereçado ao futuro. Provavelmente o modo como construiu sua análise, concentrando a reflexão nos acontecimentos que haviam vivido todos aqueles que, como ela, passaram a melhor parte da vida adulta sob o impacto do regime totalitário, tenha levado a essa disposição de enxergar mais nítida a linha do amanhã. É enganoso supor que a novidade totalitária foi destruída com a derrota do nazismo e com a morte de Stálin; ou então, confiar que a democracia forneça garantias suficientes para salvaguardar de uma forma extrema de dominação, resume Arendt. O ponto forte do seu argumento é esse: ela reflete sobre a possibilidade de uma experiência totalitária brotando de dentro das sociedades democráticas contemporâneas. O totalitarismo se constituiu na modernidade e se mantém à espreita de ocorrências e eventos que possam viabilizá-lo: "permanece o fato de que a crise do nosso tempo e a sua principal experiência deram origem a uma forma inteiramente nova de governo que, como potencialidade e como risco sempre presente, tende infelizmente a ficar conosco de agora em diante",[13] ela escreveu, em 1951, no último capítulo de *Origens do totalitarismo*.

Evidentemente o argumento de Hannah Arendt não defende a crença no regresso ou no rejuvenescimento do que deixamos para trás. Tampouco nos autoriza a esquecer a história, abaixar as grades de proteção que erguemos durante o século XX para defesa da liberdade e confiar na ilusão de que o futuro se move em uma direção única. Não prestar atenção no que já aconteceu uma vez faz tudo ficar mais fácil para o retorno de formas autoritárias como as ditaduras, às quais nós nos prometemos nunca mais voltar. Mas o perigo, diz Arendt, é de outra natureza. Aquilo que permanece entre nós não tem a forma de um regime político; são os ingredientes reveladores de uma espécie de essência totalitária que atravessam as sociedades democráticas desde sempre, fluindo silenciosamente por meio de "correntes subterrâneas".[14] Esses ingredientes podem inflar, subir à superfície e se cristalizar tanto no feitio de um repertório ideológico como assumindo a feição de movimentos políticos extremos — ambos assustadoramente atuais.

Origens do totalitarismo dá calafrios nos ossos do leitor, não por oferecer um modelo do Estado nazista ou stalinista em fisionomia futurista, mas por nos dizer quais são os sinais que devemos procurar nas circunstâncias em que a democracia vai se desmanchando aos poucos, pela ação furtiva de governantes com vocação para autocratas. Emersos, boiando à flor da sociedade e numa relação de convergência de acontecimentos, esses ingredientes se cristalizam, digamos assim, em movimentos totalitários capazes de avançar sobre a cena pública e atuar no desmanche democrático numa escalada. Esses movimentos podem, por exemplo, inclinar sociedades democráticas na direção de formas exacerbadas de autoritarismo que contam já com alguns enxertos totalitários. Ou então, simplesmente atuarem no sentido de disseminar o ódio, provocar, intimidar e incapacitar possíveis resistências — e incluir, entre os principais alvos, lideranças políticas e ativistas de oposição; artistas, professores e universidades; jornalistas e meios de comunicação; sistema judicial e corte suprema. E ainda, esses são movimentos em condições de fornecerem soluções totalitárias a governantes dispostos a se perpetuar no poder conferindo ao próprio governo um verniz democrático. Não vai acontecer de uma vez, cada um desses passos é alarmante e talvez o caminho seja longo. Mas, ao final, reflete Arendt, a não ser que a sociedade reaja, o efeito será cumulativo e os movimentos totalitários irão prosperar em novas estruturas de poder extremas, cuja configuração política não se sabe qual será.

O que traz à tona esses ingredientes, Hannah Arendt insistiu, ao longo de sua análise sobre o que ela chamou de "natureza do totalitarismo", é uma espécie de sociabilidade amorfa que corrói o tecido das sociedades contemporâneas. Um número cada vez maior de pessoas que devido à quantidade, ou à sua indiferença, ou a uma mistura de ambos, não têm relações comunitárias, não se integram nem compartilham propósitos comuns. Uma multidão de indivíduos isolados entre si — o "homem da massa", como ela o nomeia —, preocupados apenas em cuidar da própria segurança e escapar da violência urbana, salvaguardar seus negócios e desfrutar de uma vida meticulosamente privada.

Qualquer expectativa de conexão desses indivíduos com os demais cidadãos é frustrada. Nessas condições, o sentimento de pertencimento social se esgarça muito depressa e uma parte cada vez maior da população reduz sua presença no espaço público — isto é, a variedade de espaços topográficos e políticos originalmente compartilhados entre pessoas que nutrem diferenças consideráveis umas com as outras, mas que estão dispostas ao debate, ao esclarecimento recíproco, e à informação mútua sobre os assuntos de interesse em comum — ou o deixa inteiramente ao abandono. Sem um espaço que seja público e sem se importar com nenhum assunto que deva ser repartido coletivamente, resta a solidão — não há nada que ligue essas pessoas num agregado de interesses semelhantes e faça delas uma comunidade. São apenas um aglomerado de homens e mulheres vorazes, violentos, egoístas, covardes e ressentidos.

Essa corrosão do tecido da sociedade indica que foi dado um passo decisivo no sentido do totalitarismo, diz Arendt. A dimensão política da solidão se instala nos fragmentos de uma sociedade atomizada em que o nível de confiança interpessoal está se voltando cada vez mais depressa apenas a núcleos privados — os familiares ou a igreja —, e revela o "homem da massa" cuja principal característica "não é nem a brutalidade nem a rudeza, mas o seu isolamento e a falta de relações sociais normais", para usar os termos em que ela formulou seu argumento.[15] Atomizado na massa, o indivíduo não reflete sobre os acontecimentos ao seu redor, nem se pergunta intimamente sobre o sentido do que está ocorrendo à sua volta. Não é ignorante, caricato, estúpido ou insensato — apenas abdicou da capacidade de pensar por conta própria. No dia a dia, ele quer somente ser deixado em paz em seu minúsculo mundo pessoal.

Uma solidão é um lugar deserto, uma vida despovoada. Os interesses particulares irão se fechar em círculos cada vez mais estreitos, a cena pública se mostra apática e desolada, o indivíduo é insensível diante do que acontece com os outros.[16] À medida que vamos perdendo os laços de solidariedade social, pertencimento e confiança interpessoal, lembra Hannah Arendt, os fatos deixam de fazer o sentido que faziam antes e cada um de nós pode ser empurrado para uma situação de superfluidade. Na condição política da solidão, os homens se tornam seres supérfluos, privados de socorro mesmo diante do risco da morte, e nas circunstâncias dos piores desastres — como no caso do Brasil durante a pandemia de covid-19. A desolação é a experiência da negação total da proteção.

Um livro como *Origens do totalitarismo* ilumina os riscos do presente e recomenda levar a sério o passado, mas não termina aí. Ele retoma para o leitor contemporâneo aquilo que está no centro da obra de Arendt: a disposição de pensar algo novo, sem recorrer a categorias antigas. Hannah Arendt é a grande pensadora da liberdade. Para ela, a política é a abertura do espaço de convivência em que podemos experimentar a oportunidade de discutir uns com os outros a nossa existência pública e decidirmos o que vamos fazer em comum para o nosso bem. Por exemplo: buscar a felicidade, assegurar o valor da igualdade como direito de todos, mitigar a dor. O chão em que se assenta esse espaço é a liberdade e seu domínio de experiência é a ação, a capacidade que temos de começar, dar novo início para a história, Arendt escreveu no ensaio "Que é liberdade".[17]

A relação entre liberdade e ação escancara o significado da opressão totalitária e a maneira de enfrentá-la com chance de sucesso. Se considerarmos que essa relação vale a pena, então, a contribuição de Hannah Arendt para nossa contemporaneidade será imensa. "Para combater o totalitarismo", ela diz, "basta compreender uma única coisa: o totalitarismo é a negação mais radical da liberdade". E acrescenta: "Contudo, quem não se mobiliza quando a liberdade está sob ameaça jamais se mobilizará por coisa alguma".[18] O perigo existe, é real e há riscos concretos para a liberdade aqui e em outros países. Então, talvez seja urgente ler Hannah Arendt no Brasil. Afinal, como ela escreveu certa vez, mesmo nos tempos mais sombrios temos o direito de esperar alguma iluminação. Na sua história — e na sua coragem — certamente brilha aquela mesma luz incerta, bruxuleante e frequentemente fraca que ela enxergava nos personagens que biografou, "alguns homens e mulheres que em suas vidas e obras farão brilhar essa luz em quase todas as circunstâncias e irradiarão pelo tempo que lhes foi dado na terra".[19]

Pensando bem, leitor, faça mais: leia e aja.

NOTAS

1. Algumas ideias deste texto estão presentes no ensaio "Se o impensável acontecer, mantenha a calma", publicado na revista *serrote*, n. 31, mar. 2019.

2. John Stuart Mill, *The Collected Works of John Stuart Mill*. Toronto: University of Toronto Press; Londres: Routledge and Kegan Paul, 1988. v. XXVIII: Public and Parliamentary Speeches. pt. 1: November 1850/ November 1868, p. 290 ss.

3. Para distopia, ver: Gregory Claeys, *Dystopia: A Natural History: A Study of Modern Despotism, Its Antecedents, and Literary Diffractions*. Oxford: Oxford University Press, 2017; Keith M. Booker, *Dystopian Literature: A Theory and Research Guide*. Westport: Greenwood, 1994. Para as diferenças entre conceito e palavra, ver: Reinhart Koselleck, *Futuro passado: Contribuição à semântica dos tempos históricos*. Rio de Janeiro: Editora PUC-Rio, 2006.

4. Para os procedimentos de erosão das democracias contemporâneas, ver: Adam Przeworski, *Crises da democracia*. Rio de Janeiro: Zahar, 2020;Timothy Snyder, *Na contramão da liberdade: A guinada autoritária nas democracias contemporâneas*. São Paulo: Companhia das Letras, 2019; Sérgio Abranches, *O tempo dos governantes incidentais*. São Paulo: Companhia das Letras, 2020.

5. Hannah Arendt, *Origens do totalitarismo*. São Paulo: Companhia das Letras, 1990, p. 339-40.

6. Id., "Compreensão e política (As dificuldades da compreensão)". In: _____. *Compreensão e política e outros ensaios: 1930-1954*. Lisboa: Relógio D'Água Editores, 2001, p. 233-4.

7. Id., *Origens do totalitarismo*, op. cit., p. 511.

8. Id., *La Nature du Totalitarisme*. Paris: Payot, 1990, p. 73 ss. Para a escrita de *Origens do totalitarismo*, ver: Eduardo Jardim, *Hannah Arendt: Pensadora da crise e de um novo início*. Rio de Janeiro: Civilização Brasileira, 2011; Elizabeth Young Bruehl, *Por amor ao mundo: A vida e a obra de Hannah Arendt*. Rio de Janeiro: Relume-Dumará, 1997.

9. Ver: Jean Marabini, *Berlim no tempo de Hitler*. São Paulo: Companhia das Letras, 1985, p. 25.

10. Para os perfis de personalidades traçados em *Origens do totalitarismo*, ver: Eduardo Jardim, op. cit., p. 27 ss.

11. Hannah Arendt, *Rahel Varnhagen: A vida de uma judia alemã na época do romantismo*. Rio de Janeiro: Relume-Dumará, 1994; Id., *Homens em tempos sombrios*. São Paulo: Companhia das Letras, 1987; Id., *Eichmann em Jerusalém*. São Paulo: Companhia das Letras, 1999; Id., *La Tradition cachée: Le Juif comme paria*. Paris: Christian Bourgois, 1987.

12. Id., *Lições sobre a filosofia política de Kant*. Rio de Janeiro: Relume-Dumará, 1993, p. 57. Ver também: Id., "Compreensão e política". In: _____. *A dignidade da política: Ensaios e conferências*. Rio de Janeiro: Relume-Dumará, 1993.

13. Id., *Origens do totalitarismo*, op. cit., p. 531.

14. Para totalitarismo hoje, ver: Newton Bignotto, "O totalitarismo hoje?". In: Odílio Alves Aguiar et al. (Org.), *Origens do totalitarismo: Cinquenta anos depois*. Rio de Janeiro: Relume-Dumará, 2001; Jerome Kohn, "O mal e a pluralidade: O caminho de Hannah Arendt em direção à vida do espírito". In: Odílio Alves Aguiar et al. (Org.), op. cit.

15. Hannah Arendt, *Origens do totalitarismo*, op. cit., p. 367.

16. Para solidão, ver: Hannah Arendt, *Origens do totalitarismo*, op. cit.; Newton Bignotto, "Apatia e desolação nas sociedades contemporâneas". In: Adauto Novaes (Org.). *Mutações: A outra margem da política*. São Paulo: Edições Sesc, 2019; Georges Minois, *História da solidão e dos solitários*. São Paulo: Editora Unesp, 2019.

17. Hannah Arendt, "Que é liberdade". In: _____. *Entre o passado e o futuro*. São Paulo: Perspectiva, 1988; Id., *Liberdade para ser livre*. Rio de Janeiro: Bazar do Tempo, 2018. Ver também: Newton Bignotto, "Totalitarismo e liberdade no pensamento de Hannah Arendt". In: Eduardo Jardim Moraes e Newton Bignotto (Org.). *Hannah Arendt: Diálogos, reflexões, memórias*. Belo Horizonte:

Editora UFMG, 2001; Pedro Duarte, "Liberdade na política". In: Hannah Arendt. *Liberdade para ser livre*, op. cit.

18. Hannah Arendt, "Sobre a natureza do totalitarismo: Uma tentativa de compreensão". In: _____. *Compreender: formação, exílio e totalitarismo: Ensaios (1930-1954)*. São Paulo: Companhia das Letras; Belo Horizonte: Editora UFMG, 2008.

19. Id., *Homens em tempos sombrios*, op. cit., p. 9. Ver também: Eduardo Jardim, *Hannah Arendt: Pensadora da crise e de um novo início*, op. cit.

Personagens notáveis

Abaixo segue uma apresentação das principais pessoas que constam do texto, na ordem em que aparecem.

Anne Mendelssohn Weil
Amiga de infância de Hannah, de Königsberg. Defendeu sua tese de doutorado em filosofia na Universidade de Hamburgo. Fugiu, como Hannah, para Paris. Casada com o filósofo Eric Weil. Ativa na Resistência Francesa durante a Segunda Guerra.

Martin Heidegger
Nasceu em 26 de setembro de 1899, em Messkirch, e faleceu em 26 de maio de 1976, em Friburgo. Filósofo alemão cuja obra mais conhecida é *Ser e tempo*. Professor e orientador de Hannah em Marburgo.

Karl Jaspers
Nascido em 23 de fevereiro de 1883, em Oldemburgo, e falecido em 26 de fevereiro de 1969, em Basileia, Suíça. Filósofo e psiquia-

tra alemão que foi muito influente nas áreas da teologia, filosofia e psicologia. Orientador de Hannah em Heidelberg.

Hans Jonas
Nasceu em 10 de maio de 1903, em Mönchengladbach, e morreu em 5 de fevereiro de 1993, em Nova York. Filósofo judaico-alemão que deixou a Alemanha para ir à Palestina em 1933. Conheceu Hannah quando os dois eram estudantes em Marburgo.

Rahel Varnhagen
Nascida em 19 de maio de 1771, em Berlim, e falecida em 7 de março de 1833, em Berlim. Anfitriã de um salão alemão. Filha de comerciante judeu e casada com Karl August Varnhagen von Ense. Na década de 1930, Hannah escreveu uma biografia sobre ela.

Kurt Blumenfeld
Nasceu em 29 de maio de 1884, em Stuttgart, Alemanha, e faleceu em 21 de maio de 1963, em Jerusalém. Foi secretário-geral da Organização Mundial Sionista. Kurt conheceu Hannah em Berlim na década de 1930.

Heinrich Blücher
Nasceu em 29 de janeiro de 1889, em Berlim, e morreu em 30 de outubro de 1970, em Nova York. Fugiu da Alemanha por motivos políticos. Autodidata em história militar e filosofia. Conheceu Hannah em Paris e tornou-se seu marido.

Walter Benjamin
Nasceu em 15 de julho de 1892, em Berlim, e morreu em 26 de setembro de 1940, em Portbou, Espanha. Filósofo e crítico literário e de arte alemão que fez amizade com Hannah durante seu exílio em Paris.

Gershom Scholem
Nascido em 5 de dezembro de 1897, em Berlim, e falecido em 21 de fevereiro de 1982, em Jerusalém. Scholem foi filósofo e historiador alemão-israelense. Tornou-se bom amigo de Hannah por intermédio de Walter Benjamin.

Bertolt Brecht
Nasceu em 10 de fevereiro de 1898, em Augsburgo, e faleceu em 14 de agosto de 1956, em Berlim. Escritor, dramaturgo e diretor alemão. Conheceu Hannah por intermédio de Heinrich Blücher e Walter Benjamin.

Mary McCarthy
Nasceu em 21 de junho de 1912, em Seattle, e faleceu em 24 de outubro de 1989, em Nova York. Escritora e colunista americana que conheceu Hannah em Nova York.

Bibliografia

OBRAS DE HANNAH ARENDT

Homens em tempos sombrios. Trad. de Denise Bottmann. São Paulo: Companhia das Letras, 1987.
Responsabilidade e julgamento. Trad. de Rosaura Eichenberg. São Paulo: Companhia das Letras, 1994.
Rahel Varnhagen: A vida de uma judia alemã na época do Romantismo. Trad. de Antônio Trânsito e Gernot Kludasch. Rio de Janeiro: Relume-Dumará, 1994.
O conceito de amor em Santo Agostinho. Trad. de Alberto Pereira Dinis. Lisboa: Instituto Piaget, 1997.
Eichmann em Jerusalém: Um relato sobre a banalidade do mal. Trad. de José Rubens Siqueira. São Paulo: Companhia das Letras, 1999.
A condição humana. Trad. de Roberto Raposo. Rio de Janeiro: Forense Universitária, 2007.
A vida do espírito. Trad. de Antônio Abranches. Rio de Janeiro: Civilização Brasileira, 2009.
Origens do totalitarismo. Trad. de Roberto Raposo. Companhia das Letras: São Paulo, 2009.
Sobre a revolução. Trad. de Denise Bottmann. São Paulo: Companhia das Letras, 2011.
Denktagebuch 1950-1973. Org. de Ursula Ludz e Ingeborg Nordmann. Munique: Piper GmbH, 2016.

Entre o passado e o futuro. Trad. de Mauro W. Barbosa. São Paulo: Perspectiva, 2016.
Escritos judaicos. Org. de Jerome Kohn e Ron H. Feldman. Trad. de Laura Degaspare Monte Mascaro et al. Barueri: Amarylis, 2016.
Sobre a violência. Trad. de André Duarte. Rio de Janeiro: Civilização Brasileira, 2016.
Rätten till rättigheter: Politiska texter [O direito a direitos: Textos políticos, coletânea de ensaios traduzidos para o sueco]. Estocolmo: TankeKraft, 2017.

ARTIGOS DE HANNAH ARENDT

"We Refugees". *The Menorah Journal* 31, 1943.
"The Jew as Pariah: A Hidden Tradition". *Jewish Social Studies* 6/2, 1944.
"The Concentration Camps". *Partisan Review* 15/7, 1948.
"The Rights of Man: What Are They?". *Modern Review* 3/1, 1949.
"Eichmann in Jerusalem", *Encounter*, 1964.

CORRESPONDÊNCIA PUBLICADA DE HANNAH ARENDT

Hannah Arendt und Karl Jaspers: Briefwechsel 1926-1969. Org. de Lotte Köhler e Hans Saner. Munique: Piper GmbH, 1985.
Entre amigas: A correspondência de Hannah Arendt e Mary McCarthy. Org. de Carol Brightman. Trad. de Sieni M. Campos. Rio de Janeiro: Relume-Dumará, 1995.
Hannah Arendt/Kurt Blumenfeld: In keinem Besitz verwurzelt: die Korrespondenz. Org. de Ingeborg Nordmann e Iris Pilling. Hamburgo: Rotbuch, 1995.
Hannah Arendt/Martin Heidegger: Correspondência 1925-1975. Trad. de Marco Antonio Casa Nova. Rio de Janeiro: Relume-Dumará, 2001.
Hannah Arendt/Gershom Scholem: Der Briefwechsel, 1939-1964. Org. de Marie Luise Knott. Frankfurt am Main: Jüdischer, 2010.
Hannah Arendt/Heinrich Blücher: Briefe 1936-1968. Org. de Lotte Köhler. Munique: Piper GmbH, 2013.

ENTREVISTA COM HANNAH ARENDT

Entrevista concedida a Günter Gaus, legendada em português.
Canal do Centro de Estudos Hannah Arendt. Disponível em: https://www.youtube.com/watch?v=PG8BYwv9IBQ&list=PLWMum6Tm4IaEqOwRXJrrpI6XCEnlXEDpf. Acesso em: 17 jan. 2021.

BIOGRAFIAS DE HANNAH ARENDT

ETTINGER, Elzbieta. *Hannah Arendt e Martin Heidegger*. Trad. de Mario Pontes. Rio de Janeiro: Jorge Zahar, 1996.

KRISTEVA, Julia. *O gênio feminino. Tomo I: Hannah Arendt*. Trad. de Eduardo Francisco. Rio de Janeiro: Francisco Alves, 2002.

YOUNG-BRUEHL, Elisabeth. *Por amor ao mundo: Vida e obra de Hannah Arendt*. Rio de Janeiro: Relume-Dumará, 1997.

OUTRAS OBRAS

AMÉRY, Jean. *On Aging: Revolt and Resignation*. Bloomington: Indiana University Press, 1994.

_____. *On suicide: A Discourse on Voluntary Death*. Bloomington: Indiana University Press, 1999.

ARISTÓTELES. *Ética a Nicômaco*. Trad. de António de Castro Caeiro. São Paulo: Atlas, 2009.

_____. *A política*. Trad. de Nestor Silveira Chaves. Bauru: Edipro, 2009.

BAUDRILLARD, Jean. *Da sedução*. Trad. de Tânia Pelegrini. Campinas: Papirus, 1991.

BAUMAN, Zygmunt. *Work, consumerism and the new poor*. Londres: Open University Press, 1998.

BEAUVOIR, Simone de. *A velhice*. Trad. de Maria Helena Franco Monteiro. Rio de Janeiro: Nova Fronteira, 1990.

_____. *A força das coisas*. Trad. de Maria Helena Franco Monteiro. Rio de Janeiro: Nova Fronteira, 1995.

BECKER, Ernest. *A negação da morte*. Trad. de Luiz Carlos de Nascimento Silva. Rio de Janeiro: Record, 1991.

BETTELHEIM, Bruno. *Sobrevivência e outros estudos*. Trad. de Maria Cristina Monteiro. Porto Alegre: Artes Médicas, 1989.

BOOTH, Wayne. *The Company We Keep: An Ethics of Fiction*. Oakland: University of California Press, 1988.

BOURDIEU, Pierre. *Langage et pouvoir symbolique*. Paris: Seuil, 2001.

BROWNING, Christopher Robert. *Ordinary Men: Reserve Police Battalion 101 and the Final Solution in Poland*. Nova York: HarperCollins, 1992.

CHRISTIE, Nils. *Fangevoktere i konsentrasjonsleire*. Oslo: Pax, 1972.

DRAKULIC, Slavenka. *They Would Never Hurt A Fly: War Criminals on Trial in The Hague*, Trad. para o inglês de Rujana Jeger. Londres: Penguin Books, 2005.

FRANKL, Viktor E. *Em busca de sentido: Um psicólogo no campo de concentração*. Trad. de Walter O. Schlupp e Carlos C. Aveline. Petrópolis: Vozes, 1991.

GARCÍA MÁRQUEZ, Gabriel. *Viver para contar*. Rio de Janeiro: Record, 2003.

GLOVER, Jonathan. *Humanity: A Moral History of the Twentieth Century*. New Haven: Yale University Press, 2000.

HAMPTON, Jean; MURPHY, Jeffrie G. *Forgiveness and Mercy*. Cambridge: Cambridge University Press, 1988.

HEIDEGGER, Martin. *Schwarze Hefte*. Frankfurt: Vittorio Klostermann, 2019.

HILBERG, Raul. *A destruição dos judeus europeus*. 2 v. Trad. de Carolina Barcellos et al. Barueri: Amarilys, 2016.

HOLMGREN, Margaret R. "Forgiveness and the Intrinsic Value of Persons". *American Philosophical Quarterly* 30/4, 1993.

JANKÉLÉVITCH, Vladimir. *La Mort*. Paris: Flammarion, 1966.

JASPERS, Karl. *Psychologie der Weltanschauungen*. Berlim: Springer, 1919.

JOUVENEL, Bertrand de. *O poder: História natural de seu crescimento*. Trad. de Paulo Neves. São Paulo: Peixoto Neto, 2010.

KANT, Immanuel. *Fundamentação da metafísica dos costumes*. Trad. de Paulo Quintela. São Paulo: Abril Cultural, 1984.

_____. *Lições de ética*. Trad. de Bruno Leonardo Cunha e Charles Feldhaus. São Paulo: Editora Unesp, 2018.

_____. *Crítica da razão pura*. Trad. de Fernando Costa Mattos. Petrópolis: Vozes, 2012.

KIERKEGAARD, Søren Aabye. *Ou — ou. Um fragmento de vida*. Trad. de Elisabete M. de Sousa. Lisboa: Relógio d'Água, 2013.

KOESTLER, Arthur. *Scum of the Earth*. Londres: Eland, 2006.

KRISTOFERSEN, Knut. *Den musikalske bøddel — Reynhard Heydrich og det tredje riket*. Oslo: Cappelen Damm, 2008.

KYRKLUND, Willy. *Om godheten*. Estocolmo: Alba, 1988.

LÉVINAS, Emmanuel. *Humanismo do outro homem*. Trad. de Pergentino Stefano Pivatto. Petrópolis: Vozes, 1993.

MACHIAVELLI, Niccolò. *O príncipe*. Trad. de Lívio Xavier. São Paulo: Abril Cultural, 1973.

MANZ, Bruno. *A Mind in Prison: The Memoir of a Son and Soldier of the Third Reich*. Lincoln NE: Potomac Books/University of Nebraska Press, 2000.

MILGRAM, Stanley. *Obediência à autoridade: Uma visão experimental*. Trad. de Luiz Orlando Coutinho. Rio de Janeiro: Francisco Alves, 1983.

MIRANDOLA, Giovanni Pico della. *Discurso sobre a dignidade do homem*. Trad. de Maria de Lurdes Sirgado Ganho. Lisboa: Edições 70, 2006.

MONROE, Kristen Renwick. *The Heart of Altruism: Perceptions of a Common Humanity*. Princeton: Princeton University Press, 1996.

MURPHY, Jeffrie G. *Getting Even: Forgiveness and Its Limits*. Nova York: Oxford University Press, 2003.

NIETZSCHE, Friedrich. *Além do bem e do mal: Prelúdio a uma filosofia do futuro*. Trad. de Paulo César de Souza. São Paulo: Companhia das Letras, 2005.

_____. *Genealogia da moral*. Trad. de Paulo César de Souza. São Paulo: Companhia das Letras, 2009.

_____. *Vontade de potência*. Trad. de Mario Ferreira dos Santos. Petrópolis: Vozes, 2011.

NUSSBAUM, Martha. *Love's Knowledge: Essays on Philosophy and Knowledge*. Oxford: Oxford University Press, 1992.

OLINER, Samuel P.; OLINER, Pearl M. *The Altruistic Personality: Rescuers of Jews in Nazi Europe*. Nova York: Free Press, 1988.

PLATÃO. *A república*. Trad. de Anna Lia Amaral de Almeida Prado. São Paulo: Martins Fontes, 2006.

RUSSELL, Bertrand. *Casamento e moral*. Trad. de Fernando Santos. São Paulo: Editora Unesp, 2015.

RUSSELL, Dora. *The Right to Be Happy*. Nova York: Harper & Brothers, 1927.

SACHS, Nelly. *Poesias*. Trad. de Paulo Quintela. Rio de Janeiro: Opera Mundi, 1975.

SCRUTON, Roger. *Desejo sexual: Uma investigação filosófica*. Trad. de Marcelo Gonzaga de Oliveira. Campinas: Vide, 2016.

SERENY, Gitta. *Into That Darkness: An Examination of Conscience*. Nova York: Vintage Books/Random House, 1983.

_____. *Albert Speer: Sua luta com a verdade*. Trad. de Milton de Almeida. Rio de Janeiro: Bertrand Brasil, 1998.

SHKLAR, Judith N. *Ordinary Vices*. Cambridge (EUA): Bellknap Press of Harvard University Press, 1984.

WEBER, Max. *Economia e sociedade: Fundamentos da sociologia compreensiva*. 2 v. Trad. de Regis Barbosa e Karen Elsabe Barbosa. Brasília: Editora da UnB; São Paulo: Imprensa Oficial do Estado de São Paulo, 2004.

WELZER, Harald: *Täter: Wie aus ganz normalen Menschen Massenmörder werden*. Frankfurt am Main: S. Fischer, 2005.

WIESENTHAL, Simon: *Die Sonnenblume: Über die Möglichkeiten und Grenzen von Vergebung*. Paris: Opera Mundi, 1969.

ZIMBARDO, Philip. *O efeito Lúcifer: Como pessoas boas se tornam más*. Trad. de Tiago Novaes Lima. Rio de Janeiro: Record, 2012.

ZWEIG, Stefan. *O mundo de ontem: Memórias de um europeu*. Trad. de Kristina Michahelles. Rio de Janeiro: Jorge Zahar, 2014.

1ª EDIÇÃO [2021] 3 reimpressões

ESTA OBRA FOI COMPOSTA PELA SPRESS EM MINION E IMPRESSA EM OFSETE
PELA LIS GRÁFICA SOBRE PAPEL PÓLEN NATURAL DA SUZANO S.A.
PARA EDITORA SCHWARCZ EM AGOSTO DE 2023.

A marca FSC® é a garantia de que a madeira utilizada na fabricação do papel deste livro provém de florestas que foram gerenciadas de maneira ambientalmente correta, socialmente justa e economicamente viável, além de outras fontes de origem controlada.